COMTE D'HAUSSONVILLE

DE L'ACADÉMIE FRANÇAISE

SALAIRES

ET

MISÈRES DE FEMMES

PARIS

CALMANN LÉVY, ÉDITEUR

3, RUE AUBER, 3

A

SALAIRES

ET

MISÈRES DE FEMMES

DU MÊME AUTEUR

ÉTUDES SOCIALES

LES ÉTABLISSEMENTS PÉNITENTIAIRES EN FRANCE . . . . 1 vol.

L'ENFANCE A PARIS . . . . 1 —

MISÈRES ET REMÈDES. . . . . 1 —

SOCIALISME ET CHARITÉ . . . . 1 —

ÉTUDES BIOGRAPHIQUES ET LITTÉRAIRES

LE SALON DE MADAME NECKER. . . . . 2 —

SAINTE-BEUVE, SA VIE ET SES ŒUVRES. . 1 —

GEORGE SAND — MICHELET — PRESCOTT — BROUGHAM. . . . . 1 —

PROSPER MÉRIMÉE — HUGH ELLIOT. . . . 1 —

MADAME DE LA FAYETTE. . . . . 1 —

MADAME ACKERMANN . . . . 1 —

LACORDAIRE . . . . 1 —

LA DUCHESSE DE BOURGOGNE ET L'ALLIANCE SAVOYARDE SOUS LOUIS XIV . . 1 —

A TRAVERS LES ÉTATS-UNIS. . . . . 1 —

Paris. — Imp. Vve ALBOUY, 75, avenue d'Italie. — 567.9.99.

SALAIRES

ET

MISÈRES DE FEMMES

PAR

LE COMTE D'HAUSSONVILLE

DE L'ACADÉMIE FRANÇAISE

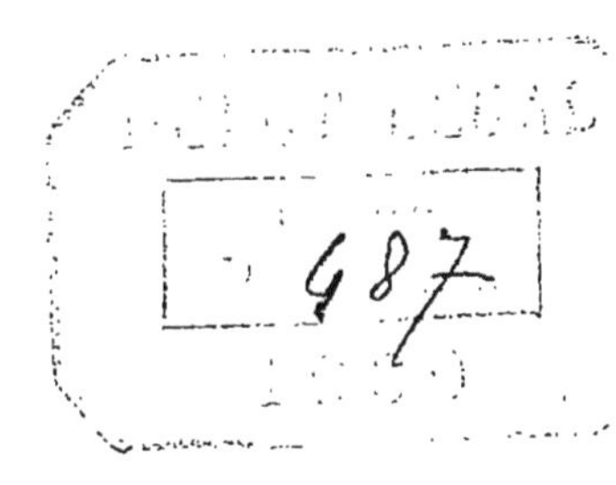

PARIS
CALMANN LÉVY, ÉDITEUR
3, RUE AUBER, 3

1900

PRÉFACE

FÉMINISME ET DÉMOCRATIE

Les études qu'on trouvera rassemblées dans ce petit volume ont été toutes, sauf une, inspirées par un même souci : celui de la condition matérielle et morale que font à la jeune fille ou à la femme du peuple les dures exigences du travail manuel. A dessein, je n'ai point examiné la condition légale et sociale que lui fait l'ensemble de notre législation. Pour traiter tous les points de cette vaste question, il faudrait une compétence à la fois juridique et générale que je ne me reconnais point.

Mais je m'étonne qu'au moins sous quelques-uns de ses aspects elle ne semble point préoccuper davantage ces champions des droits et des intérêts de la femme qu'on appelle aujourd'hui d'un nom un peu barbare : *les féministes*. Mon étonnement, en ce qui les concerne, remonte au reste plus loin.

Lorsque, voici déjà un certain nombre d'années, auteurs dramatiques, romanciers, publicistes s'unirent pour mener contre le mariage — c'est en faveur du divorce que je veux dire — la campagne dont chacun se souvient, et dont le résultat fut ce que chacun sait, il y avait un argument que je m'attendais toujours à trouver sous leur plume.

Cet argument aurait été le suivant.

Dans la vie populaire, il arrive souvent que le mari n'a pas le goût de la paternité. Au troisième enfant il se fâche ; au quatrième, il plante là sa femme, et disparaît sans laisser de traces. Que peut faire la femme ? Obtenir contre son mari la séparation de corps et la condamnation à une pension alimentaire serait tout à fait illusoire. L'huissier ne saurait où saisir cet époux fugitif. Si la charité ne vient pas régulièrement à son aide, elle a le choix entre deux alternatives : mourir stoïquement de faim avec ses enfants aux besoins desquels son maigre salaire ne saurait suffir, ou bien se mettre avec un homme, généralement plus âgé qu'elle, qui, las de vivre en célibataire, accepte la charge de ses mioches, à condition qu'elle tienne son ménage. Ceux qui, à Paris en particulier, ont quelque peu pénétré dans les couches profondes du peuple, se sont fréquemment trouvés en présence de cette situation. Les prêtres en particulier la connaissent bien, car elle soulève un cas de conscience singulièrement épineux, la pauvre femme qui s'adresse à eux, prise de scrupules, ne pouvant sortir de l'état de péché mortel qu'en précipitant, elle et ses enfants, dans une affreuse misère. L'indissolubilité du lien conjugal ne permet pas de dénouer légalement cette situation. Le divorce, que l'Église n'autorise point, le permet.

L'argument est redoutable. Je n'y connais

point d'autre réponse que celle-ci. C'est que toute grande loi sociale peut avoir exceptionnellement ses victimes, comme le progrès a les siennes. Si la loi est nécessaire, l'intérêt général ne saurait être sacrifié à quelques cas individuels. En théorie, je crois la réponse forte : en fait, elle peut paraître faible, surtout aux victimes et à leurs avocats d'office. Toujours je m'attendais à voir invoquer par eux cette espèce assez fréquente. Jamais à ma connaissance ils ne l'ont fait, et je crois bien être l'inventeur de cet argument en faveur du divorce dont, cependant, il ne m'a point rendu partisan.

Je n'ai pu m'empêcher d'en conclure qu'auteurs dramatiques, romanciers, publicistes avaient singulièrement peu à cœur les intérêts populaires, et que l'adultère aristocratique ou bourgeois, en faveur duquel le divorce constitue une prime, leur paraissait digne d'une beaucoup plus grande sympathie que la triste nécessité du concubinage auquel l'abandon de son mari peut réduire une femme du peuple.

Exception faite pour quelques personnalités très honorables [1], les féministes me paraissent encourir ce même reproche. Toujours je les vois occupés en effet à revendiquer pour la femme des droits dont l'exercice suppose une certaine indépendance de fortune et une culture intellectuelle raffinée. Rarement, pour ne pas dire jamais, ils ne me paraissent se mettre en peine des questions qui concernent la femme vivant du travail de ses dix doigts.

Je précise.

Les sujets que les *féministes* ont discuté avec le plus de passion ces dernières années sont les suivants. Convient-il que la femme soit ou puisse être médecin, avocat, électeur, éligible, témoin, membre d'une commission

1. Au premier rang de ces exceptions je placerai Madame Schmall, la directrice de l'*Avant-Courrière* dont les revendications féminines paraissent généralement s'inspirer d'un juste souci des intérêts populaires. Une publication périodique intitulée : *le Pain*, rédigée dans un ordre d'idées très différent, contient souvent aussi des articles dictés par une préoccupation réelle de la condition de l'ouvrière. Je citerai aussi un très judicieux rapport de Madame Pégard, l'organisatrice de l'Exposition féminine à Chicago.

administrative, etc... Or j'avouerai, peut-être à ma honte, que le succès de ces revendications m'importe assez peu.

Ce n'est pas qu'à toutes il faille, suivant moi, faire la même réponse. Si je ne craignais d'allonger une préface qui gagnera, comme toutes les préfaces, à être courte, je dirais que la femme médecin me parait appelée à rendre de très grands services ; que la femme avocat me semblera toujours déplacée à la barre d'un tribunal, l'exhibition publique de sa personnalité et la contention directe avec un adversaire étant contraires à la retenue de son sexe; que la femme électeur ou éligible est à mes yeux une absurdité, parce qu'elle pénétrerait par là sur le terrain de la politique qui ne lui convient pas; que la femme au contraire est tout à fait à sa place dans un bureau de bienfaisance ou dans la commission administrative d'un hôpital, parce qu'elle demeure sur le terrain de la charité où elle excelle. Mais je répète que ces questions ne m'inspirent qu'un assez médiocre souci, voici pourquoi. C'est que la solution à intervenir ne concerne qu'une élite, si on veut, mais en tout cas une infime fraction de l'espèce féminine.

Le nombre des femmes aptes à être médecin ou avocat ne sera jamais qu'une très petite exception, *propter imbecillitatêm sexûs*, disaient assez peu galamment les vieux jurisconsultes, parce qu'un homme ordinaire arrive toujours à faire un médecin ou un avocat ordinaire, tandis que pour faire une *doctoresse* ou une *avocate* même ordinaire, il faudra toujours une femme extraordinaire, je veux dire exceptionnellement et presque anormalement douée.

Je regrette d'être amené ainsi à exprimer une opinion qui peut paraître un peu brutale, mais ni la Providence ni la nature n'ayant fait la femme pour être en tous points l'égale de l'homme (en ce cas qui commanderait?) elles ne l'ont point non plus douée également. Que la femme l'emporte assez fréquemment par la grâce et la finesse de l'esprit, je le veux bien, mais la supériorité de la force est du côté de l'homme. Or, scientifiques ou libérales, des études suivies, solides, sérieuses, avec la sanction d'examens, supposent une certaine force d'esprit. Une femme, douée sous ce rapport comme un homme, demeurera toujours une exception, heureusement.

Une toute autre série de questions me paraîtrait donc devoir, au point de vue populaire, éveiller la sollicitude des *féministes* : voici laquelle.

Certaines personnes, et je suis du nombre, pensent que notre législation française, s'inspirant beaucoup plus du droit romain que de la coutume germaine a traité la femme avec une rigueur singulière, et qu'elle ne la protège suffisamment ni dans sa personne ni dans ses biens. C'est là une considération d'une portée bien plus générale, puisque cette législation régit toute une moitié de la population française ; mais la femme du peuple, la femme ou la jeune fille pauvres y sont particulièrement intéressées. En effet, la fortune ou simplement l'aisance est déjà par elle-même une sauvegarde. Dans la classe aristocratique ou bourgeoise, la jeune fille est protégée dans sa personne par la surveillance dont elle est entourée. Mariée, elle l'est dans ses biens par son contrat, et, dans sa personne encore, par nos mœurs qui sont, grâce à Dieu, moins romaines que germaines. Elle peut souffrir plus ou moins de l'insuffisante protection de la loi, elle n'en est pas absolument victime. Il n'en est pas de même dans le peuple. La jeune fille n'y est pas protégée contre la brutalité de l'homme, ni la femme mariée contre son égoïsme. Je voudrais appeler sur ce point l'attention de nos *féministes*, et les voir devenir un peu plus démocrates, un peu moins préoccupés des intérêts de la petite bourgeoise qu'ils servent assez mal dans ses intérêts véritables, ou de la femme du monde qui n'a pas cure du *féminisme*. Je n'ai pas la prétention, dans des limites aussi restreintes, d'indiquer tous les points sur lesquels notre législation pourrait être susceptible d'une réforme au point de vue féminin et démocratique. Je borne mon ambition à dresser une simple *note à consulter* que je soumets à l'attention des jurisconsultes et des *féministes*.

B.

Nous avons, comme chacun sait, cinq Codes : le Code civil, le Code Pénal, le Code d'Instruction criminelle, le Code de commerce le Code de procédure. Je laisserai de côté les trois derniers. Ni le Code d'Instruction criminelle, ni le Code de commerce (autant que je puis savoir) ne font tort à la femme. Quant au Code de procédure, les modifications qu'il pourrait y avoir lieu d'y apporter ne seraient que la conséquence de celles qu'il faudrait d'abord introduire dans le Code civil. Je ne m'en occuperai donc point.

Restent le Code Civil et le Code Pénal. Je commencerai par le Code Pénal comme étant la matière la plus simple.

La jeune fille du peuple, on pourrait dire l'enfant, n'est pas assez protégée par le Code Pénal. La question est délicate ; je demanderai qu'on m'entende à demi-mot. Il y a, sur un point, contradiction entre le Code Civil et le Code Pénal. Le Code Civil ne permet pas à la jeune fille de se marier avant quinze ans : le Code Pénal lui permet de s'abandonner à partir de onze ans. L'attentat sur un enfant n'est puni en effet qu'au-dessous de cet âge [1]. Après onze ans, il faut que la violence soit établie : le consentement est présumé. Au-dessous de quinze ans le Code Civil suppose donc la jeune fille inapte à être épouse ; le Code Pénal la suppose apte à être amante. Élever de onze à quinze ans l'âge au-dessous duquel, consentante ou non, elle serait protégée contre la brutalité masculine serait donc en doctrine une disposition logique, dans la triste réalité des choses, une protection efficace. Ceux-là comprendront ce que je veux dire qui, dans les Asiles de nuit, à la Maternité, ou ailleurs, se sont souvent trouvés en présence d'enfants de moins de quinze ans grosses à pleine ceinture, et qui savent combien souvent ces grossesses prématurées sont le triste fruit de l'inceste ! Cette modification au Code Pénal serait dans l'intérêt exclusif de la jeune fille du peuple ; nos mœurs la protégeant suffisamment dans les milieux supérieurs. C'est pour cela sans

1. Code pénal : article 33 et suivants.

doute qu'il en a été jusqu'à présent si peu question.

Le Code Pénal protège encore insuffisamment la jeune fille du peuple contre ceux qui cherchent à la précipiter dans l'inconduite. L'article 344 qui punit l'excitation de mineures à la débauche n'est pas assez efficace, et la jurisprudence, au lieu d'en élargir les applications, les a encore restreintes. Elle refuse en particulier d'appliquer les pénalités de cet article à ceux qui pratiquent l'odieux commerce qu'on a baptisé du nom de *traite des blanches*, c'est-à-dire qui raccolent des jeunes filles, au moyen de promesses fallacieuses, dans le dessein de les livrer à la prostitution en pays étranger. Au congrès international qui a été tenu récemment à Londres, pour assurer la répression de cet immoral trafic, la nécessité a été unanimement reconnue de fortifier sur ce point la législation de tous les États. Bien que la France, à cause de la surveillance exercée sur la prostitution, soit un des pays où la *traite des blanches* s'exerce le moins ouvertement, il y a cependant lieu d'y veiller, et il ne faudrait surtout pas rester en dehors d'un mouvement européen.

Abordons maintenant la question du Code Civil. Je ne peux que l'effleurer. Pour la traiter à fond, il faudrait tout à la fois plus d'espace que je n'en peux consacrer, et des connaissances juridiques plus solides que les miennes [1]. On ne trouvera ici que des têtes de chapitre. Commençons par celui qui concerne ou plutôt qui devrait concerner la jeune fille. Je dis devrait concerner. En effet, la jeune fille est, comme on va le voir, tantôt la grande victime, tantôt la grande oubliée du Code Civil.

L'article 340 du Code pose ce principe absolu : « La recherche de la paternité est interdite. » Cet article, tout nouveau dans notre législation et contraire aux principes

1. Je me permets de renvoyer ceux que ces questions un peu arides intéresseraient à un ouvrage récemment paru qui est intitulé : *Le Féminisme et le droit civil français*, par M. Charles Krug, docteur en droit. J'indiquerai également deux études très solides : *La femme mariée, ses droits et ses intérêts*, par M. Aftalion ; *De l'autorité maritale*, par M. Morizot Thibaut, et plusieurs études de M. Louis Bridel de Genève, et de M. Franck, un avocat belge.

de notre ancien droit, y a été introduit, en partie, par l'autorité du Premier Consul, et aussi par réaction contre les abus auxquels la recherche de la paternité avait donné lieu sous l'ancien régime. *Creditur virgini parturienti*, disait un vieil axiome. Mais la *virgo parturiens* s'était montrée souvent peu digne de créance. Pour éviter le retour de poursuites scandaleuses, les auteurs du Code ont posé un principe contraire qui interdit toute poursuite quelconque, sauf le cas où l'époque de la conception coïnciderait avec le rapt. En ce cas la preuve morale leur a paru suffisante, et ils ne se sont pas laissé arrêter par l'impossibilité, souventes fois alléguée depuis César, de l'impossibilité de la preuve physiologique. Mais comme le rapt n'est plus guère dans nos mœurs, on peut dire qu'en France, à l'inverse de ce qui a lieu dans les pays étrangers, la recherche de la paternité est absolument interdite [1].

Cette interdiction a créé dans les classes

1. Sous des formes différentes la recherche de la paternité est autorisée dans les pays suivants : Allemagne, Angleterre, Autriche, Danemark, Espagne, Norvège, Suède. Nous devons ajouter que parfois les tribunaux,

populaires un état d'esprit tout spécial. « Celui qui a fait l'enfant le doit nourrir », disait le vieux jurisconsulte Loysel. Par un renversement de toute notion de morale et de justice, cet axiome semble avoir été remplacé par celui-ci : « Celle qui a subi l'enfant, le doit nourrir ». En effet, l'idée qu'il ait quelques devoirs envers l'enfant dont il sait parfaitement être le père, ne semble même pas traverser la tête de l'ouvrier, du commis de magasin, de l'employé qui a rendu mère une petite ouvrière dont il a fait connaissance. Chose étrange! cette idée que le père n'a pas de devoirs a fait si bien son chemin qu'elle semble adoptée même par les mères. Très peu se plaignent. Elles acceptent, avec une admirable résignation, de subvenir seules à la charge de l'enfant. Mais comme l'accomplissement de ce devoir maternel leur est singulièrement difficile, elles l'envoient généralement en nourrice au rabais, dans des

moins rigoureux que la loi, condamnent le père supposé à des dommages-intérêts en vertu de l'article 1382 du code. Mais les contradictions et les incertitudes de la jurisprudence montrent la nécessité de réformer la loi elle-même.

conditions déplorables. De là cette effroyable mortalité des enfants naturels qui contribue à la dépopulation de la France. La question de la recherche de la paternité se complique donc d'une question d'intérêt social qui devrait rendre l'opinion publique plus bienveillante à cette réforme.

Malheureusement la question a été mal posée. Elle a été, pendant un temps, compliquée de celle de la situation de l'enfant naturel. Or, au point de vue féminin, qui est le mien, il ne s'agirait nullement d'arriver par la recherche de la paternité à doter l'enfant des droits que le Code accorde à l'enfant naturel reconnu, mais tout simplement d'assurer à la mère une créance alimentaire au profit de l'enfant jusqu'à un certain âge : seize ans par exemple, créance qui pourrait être exercée contre le père ou ses ascendants. C'est le système anglais qu'il y aurait tout avantage à introduire dans notre Code, en assimilant la séduction au cas du rapt où le Code se contente de la preuve morale. Quant aux précautions qu'il serait nécessaire de prendre pour mettre obstacle aux poursuites téméraires et (pour employer un mot vulgaire), au chantage, il ne serait pas difficile d'en trouver, et de très efficaces. J'indiquerai entre autres le serment préalable imposé à la requérante, et, en cas de demande reconnue abusive, la sanction d'une poursuite possible pour faux témoignage, c'est-à-dire le bagne tout simplement. A ce jeu les coquines y regarderaient.

Je dois dire que cette question de la recherche de la paternité n'a pas laissé que de préoccuper quelques esprits. Deux propositions ont été soumises, l'une à la Chambre des députés par M. Rivet, l'autre au Sénat par M. Bérenger. L'une et l'autre ont été repoussées, sans même être admises à l'honneur de la prise en considération. C'est que l'opinion publique n'était pas mûre. Elle ne l'est pas encore, je le crains, mais c'est ici que les *féministes* sont coupables. Si, au lieu d'entretenir le public de questions secondaires et le plus souvent frivoles, ils avaient entrepris cette campagne et s'ils y avaient déployé la moitié de l'ardeur qu'auteurs dramatiques, romanciers, publicistes ont déployée dans la campagne en faveur du divorce, ils auraient contribué à introduire dans notre législation une disposition qui aurait fortifié la moralité publique au lieu d'une disposition qui l'a singulièrement affaiblie. Mais la recherche de la paternité est une question qui intéresse surtout la jeune fille du peuple, car c'est dans le peuple qu'ont lieu les quatre cinquièmes des naissances naturelles. C'est sans doute aussi pour cela que fort peu de personnes en ont souci.

Si fréquente que ce soit dans les classes populaires, ce qu'on appelle *la faute* (dans certains quartiers de Paris, les naissances naturelles s'élèvent à près de la moitié des naissances légitimes), cependant, il ne manque pas dans le peuple de braves filles qui ne demanderaient pas mieux que de se marier. Pour cela, il faudrait deux choses : d'abord que l'homme y consente. A cela, la loi ne peut rien. Ensuite que la loi elle-même n'y mette pas souvent obstacle, ce qui est le cas.

En rédigeant le titre du mariage, les auteurs du Code se sont avant tout préoccupés de deux choses : empêcher les mariages clandestins et la bigamie par la multiplicité des publications ; prévenir les mariages scandaleux, en exigeant, même à tout âge, le consentement des parents. Leur pensée exclusive a été de protéger, d'une part, les jeunes filles de la bourgeoisie contre les trompeurs et, d'autre part, les fils de famille contre les intrigantes. Ils n'ont pas eu souci un seul instant des difficultés sans nombre que la multiplicité des formalités exigées par eux créaient pour la jeune fille du peuple, même majeure, qui est orpheline, qui souvent ne sait pas dans quel lieu ses parents ou grands-parents sont morts, ou même, tout simplement, pour celle qui n'habite pas avec sa famille, cas, dans les grandes villes, extrêmement fréquent.

Pour cette jeune fille et son fiancé, la nécessité de présenter à la mairie des papiers en règle constitue un problème à la fois généalogique, administratif et financier (car tout cela coûte) que beaucoup trouvent plus simple de résoudre en se passant du maire et du curé. Tous ceux qui sont au courant de la vie populaire savent pour combien la difficulté de se procurer ces fameux papiers entre à Paris dans la fréquence de ce qu'on appelle les ménages parisiens, c'est-à-dire du concubinage. Ici je me plais à reconnaître que quelque chose a été fait. Une loi a été votée sur l'initiative non point d'un *féministe* de profession, mais d'un ecclésiastique M. l'abbé Lemire, qui, s'inspirant des principes du droit canon, beaucoup plus favorable au mariage que le droit civil, a obtenu la simplification de certaines formalités, notamment en ce qui concerne les actes respectueux, et a fait trancher aussi dans un sens favorable à la femme, la difficulté qui peut s'élever entre un père et une mère divorcés ou séparés relativement au mariage de leur enfant. Pour moi, je n'hésiterais pas à aller beaucoup plus loin que cette loi, en supprimant toute nécessité du consentement des parents passé l'âge de vingt et un ans pour les filles, de vingt-cinq ans si l'on veut pour les garçons (et encore). Mais il y aurait bien d'autres modifications à apporter au titre du mariage, au point de vue des formes du consentement au nombre des publications, et aussi du mariage des enfants naturels, absolument impossible quand ils sont mineurs, puisque la loi exige le consentement d'un tuteur *ad hoc* nommé par un conseil de *famille*. (Code civil art. 159). Dans cette note à consulter je ne saurais indiquer toutes ces modifications, mais j'engagerais les *féministes*, que cette question intéresserait par hasard, à causer tout simplement avec un modeste secrétaire d'une société quelconque s'occupant du mariage des indigents ; la Société de Saint-François Regis, par exemple. Ils en apprendraient long, et pourraient se persuader combien la matière est riche, digne en tout point d'occuper leur activité [1].

Il y a cependant parmi les jeunes filles du peuple un certain nombre d'heureuses qui arrivent à se marier. Sous quel régime ? Le Code va répondre : « A défaut de stipulations spéciales », c'est-à-dire, en langue ordinaire,

1. Je leur recommanderai aussi la lecture d'une instructive brochure intitulée : *De quelques modifications à la législation du mariage* par M. Givelet.

d'un contrat passé par devant notaire, sous le régime de la communauté pure et simple, « qui est le droit commun de la France » (Article 1373). Or, dans le peuple on ne passe guère de contrat. A quoi bon payer des frais de notaire et de papier timbré quand, en ménage, on n'apporte que ses bras ? Mais il en résulte que le mari a sur tous les biens, tant meubles qu'immeubles, qui, au cours du mariage, peuvent survenir à la femme des droits exorbitants.

Si, par exemple, elle recueille par succession quelque argent, cet argent tombe dans la communauté, et, à sa dissolution, eût-elle lieu par séparation de biens prononcée contre lui, la moitié lui en appartiendra en toute propriété. Il a de plus les pouvoirs d'administration les plus étendus, non seulement sur les immeubles appartenant à la communauté, qu'il peut aliéner, hypothéquer sans le consentement de sa femme, mais sur les biens de la femme elle-même. A la vérité, il ne peut pas vendre les immeubles à elle appartenant, mais il a, comme chef de la communauté, toute facilité pour dissiper les biens mobiliers qu'elle aurait acquis. Aussi ce régime est-il considéré comme tellement contraire aux intérêts de la femme que les contrats de mariage, quel que soit le régime adopté, ont précisément pour but principal de la soustraire à ses redoutables conséquences. Mais, encore une fois, dans le peuple, on se marie toujours sans contrat, pour ne pas faire de frais inutiles.

Une première réforme a été proposée. Elle consisterait, lorsqu'il n'y aura pas d'apports, dans la faculté accordée aux futurs époux, de faire choix d'un régime matrimonial, parmi ceux que le Code a institués, par simple déclaration faite au moment du mariage devant l'officier de l'état civil. Cette déclaration tiendrait lieu de contrat. Ce ne serait pas assez. Il faudrait encore aller plus loin et cesser de faire de ce régime vieilli de la communauté pure et simple, tel que l'a établi le Code, des articles 1399 à 1496 « le droit commun de la France ».

Quel régime conviendrait-il de lui substituer ? La séparation de biens, disent les uns. La communauté réduite aux acquets, qui était autrefois la coutume de Paris, disent les autres. Ici, je me récuse, laissant à de plus compétents que moi le soin d'en décider. C'est là encore une matière dont je me permets de recommander l'étude aux *féministes*, sans leur promettre qu'ils y trouveront grand agrément. Il n'y a pas, en effet, dans tout le Code, de partie moins récréante que le titre intitulé : *du contrat de mariage et des droits respectifs des époux*. C'est aussi sans doute à cause de cela qu'ils ont négligé cette importante question, laissant à quelques jurisconsultes l'honneur de la traiter.

Ce n'est pas tout. Lors même que le régime de la communauté pure et simple serait modifié, il faudrait encore, au cours du mariage, assurer à la femme du peuple une certaine indépendance quant à la propriété de ses économies et quant à l'emploi des produits de son travail. Ici encore je suis heureux de constater que différentes mesures favorables aux femmes ont été prises, et cela tout à fait en dehors des *féministes*, bien avant que le mot existât.

Une disposition peu connue de la loi du

18 juin 1850, qui a créé la Caisse de retraites pour la vieillesse, déclarait que les versements faits antérieurement au mariage demeuraient propres à la femme (article 4). En fait, les femmes du peuple ont singulièrement peu usé de cette disposition, la Caisse de retraites pour la vieillesse, malgré les avantages qu'elle leur assurait, n'ayant guère vu se présenter à ses guichets de véritables ouvriers et ouvrières. Néanmoins le principe était posé, et le droit reconnu à la femme de conserver des propres, même en l'absence de tout contrat de mariage. La loi du 20 juillet 1886 sur les caisses de retraite à laquelle on rapporte généralement l'honneur de ce progrès, n'a fait que le consacrer.

De même, plusieurs propositions de loi, dont l'Assemblé nationale avait été saisie en 1874 par différents députés de la droite, et un projet déposé en 1878, par un député (de la droite également) avaient préparé les esprits et les pouvoirs publics à la disposition définitivement consacrée par la loi organique du 20 juillet 1895 sur les Caisses d'épargne, Cette loi dispose, par son article 6, que les femmes mariées, quel que soit le régime de leur contrat de mariage, seront admises à se faire ouvrir des livrets sans l'assistance de leur mari, et leur reconnaît également le droit de retirer sans cette assistance le montant des livrets ainsi ouverts, sauf opposition de la part du mari.

Une grave mais heureuse dérogation était ainsi définitivement apportée aux principes absolus de l'autorité maritale. Aussi cette disposition libérale n'a-t-elle point été introduite dans notre législation sans une vive opposition de la part des jurisconsultes. La première fois qu'il en a été question, il s'est trouvé jusqu'à deux gardes des sceaux pour s'y opposer « au nom des principes » et il a fallu pour triompher de ces préjugés, l'énergique intervention de deux orateurs qui, sur d'autres points, ne se trouvaient pas souvent d'accord : M. Rouher et M. Laboulaye. Mais le pas a été franchi. On ne reviendra pas en arrière.

Il reste encore un autre pas à franchir. Pour celui-là on est demeuré à moitié route. Au cours de la discussion sur les Caisses d'épargne un mot assez caractéristique avait été dit : « Dans un ménage ouvrier, c'est le mari qui est la dépense ; c'est la femme qui est la recette. » L'assertion était un peu exagérée. Il aurait été plus exact de dire que la femme est la caisse d'épargne, la tirelire. Or cette tirelire, le mari, qui ne s'occupe guère de la remplir, est trop souvent disposé à la casser. Cependant la femme peut parfois aussi contribuer à la recette, et, lorsqu'il en est ainsi, lorsque le mari est un dissipateur et représente bien la dépense, n'y a-t-il pas lieu de constituer au profit de la femme un privilège sur les recettes provenant de son travail, c'est-à-dire sur son salaire?

C'est ce qu'a pensé un honorable député qui n'est point un *féministe*, à ma connaissance du moins, mais tout simplement un avoué que l'exercice de sa profession a dû souvent mettre en présence de femmes laborieuses et de mari dissipateurs. Il a déposé au mois de juillet 1896 une proposition de loi qui avait pour objet d'assurer à la femme mariée la libre disposition des produits de son travail. Cette proposition, fondue avec une autre dont la portée était plus générale, est devenue la loi du 28 janvier 1897 dont l'article 1er porte que « quel que soit le régime adopté par les époux, la femme a le droit de recevoir, sans le concours de son mari, les sommes provenant de son travail personnel, et d'en disposer librement. » Mais immédiatement après, et comme si elle avait regretté ce qu'elle venait de faire, la Chambre des députés a ajouté une seconde disposition d'après laquelle les biens acquis par la femme avec ses gains personnels appartiennent à la communauté. Or cette disposition ne va à rien moins qu'à annuler la première. En effet, si les biens acquis par la femme avec le produit de son salaire appartiennent à la communauté, le mari a le droit de les administrer et de les aliéner comme les autres biens de la communauté. Le droit reconnu à la femme s'épuise par le premier exercice qu'elle en fait, et le mari reprend tous les siens. Celui de la femme se réduit au contraire ou peu s'en faut, ainsi qu'on l'a fait justement observer, à la faculté de toucher son salaire sans autorisation, ce qui est courant dans la pratique.

La réforme est donc illusoire, au moins dans une certaine mesure. De plus, bien que la loi ait été votée il y a déjà plus de deux ans, elle n'a pu encore obtenir du Sénat le tour de faveur, qu'on semble d'accord pour promettre à la loi qui reconnaît à la femme le droit d'exercer la profession d'avocat. Une fois de plus la femme du peuple sera sacrifiée, et c'est la bourgeoise qui l'emportera.

Je résume et précise cette note à consulter.

Suivant moi, suivant plusieurs jurisconsultes des plus sérieux, enfin suivant beaucoup de ceux qui ont étudié sur la question du *féminisme* en dehors de toute recherche d'effet dans la presse, dans le roman ou sur le théâtre, il y aurait lieu :

1° De modifier l'article 331 du Code Pénal, et d'élever de onze à quinze ans la limite de protection de l'enfant ;

2° De compléter l'article 334 qui punit l'excitation des mineures à la débauche par une disposition plus large atteignant ceux qui, par des manœuvres frauduleuses, favorisent le commerce de la prostitution ;

3° De supprimer l'article 340 du Code Civil, et d'autoriser, dans certaines conditions déterminées et sous certaines garanties, la recherche de la paternité, sans autre conséquence que la contitution d'une créance alimentaire au profit de l'enfant ;

4° De remanier tout le titre du mariage en se préoccupant de faciliter l'accomplissement de cet acte important par la suppression d'un certain nombre d'inutiles formalités de publication et de consentement ;

5° De modifier les articles 1399 à 1496 du Code Civil, en créant comme droit commun de la France un régime plus respectueux des droits et des intérêts de la femme que celui de la communauté pure et simple, tel que l'a constitué le Code ;

6° De constituer au profit de la femme un droit sérieux sur les produits de son travail en obtenant du Sénat le vote de la loi du 18 février 1897 modifiée par la suppression du paragraphe final de l'article 1er.

Soit six projets de lois, sans compter un certain nombre de mesures fiscales ou administratives dans le détail desquelles je n'ai pas voulu entrer.

Telles sont, à mon humble avis, les mesures qu'il y aurait urgence à adopter, ou du moins à discuter, car elles intéressent la condition de plusieurs millions de jeunes filles et de femmes du peuple. Il semble bien que ce soient celles-là surtout dont un régime comme le nôtre devrait se préoccuper. Cest pourquoi, dut le titre paraître un peu ambitieux pour une étude aussi courte, je me suis cru permis de mettre en tête de ces pages : *Féminisme et Démocratie*.

L'OUVRIÈRE DE L'AIGUILLE A PARIS

I

BUDGETS D'OUVRIÈRES

Les personnes qu'intéresse la condition des ouvriers et des ouvrières se sont souvent efforcées de déterminer le coût de la vie pour celui où celle qui vit de son travail. Pareille évaluation est, plus qu'on ne croit, difficile à établir avec précision. Autant il est aisé d'aligner des chiffres qui donnent l'illusion de l'exactitude, autant il est périlleux d'affirmer que ces chiffres sont conformes à la réalité. En effet, ils varient d'abord suivant les lieux, ensuite suivant les individus, car il faut tenir compte du sexe, des besoins, des habitudes de ceux qui sont en cause. Tel dépensera davantage pour son logement, tel pour sa nourriture, telle (s'il s'agit d'une ouvrière) pour sa toilette. Aussi est-il prudent de s'en tenir à une fixation approximative, renfermée entre un maximum et un minimun, et de sacrifier ainsi l'apparence de la précision à l'exactitude véritable.

Ainsi avais-je cru devoir faire dans un gros livre que j'ai commis il y a quelques années [1] où je m'étais efforcé de déterminer le coût de la vie pour l'ouvrier ou l'ouvrière de Paris.

Voici à quels chiffres j'étais arrivé :

Logement de	100	à	150	fr.
Nourriture de	550	à	750	»
Vêtements de	100	à	150	»
Dépenses diverses, chauffage, éclairage, blanchissage, menus plaisirs de	100	à	150	»
TOTAL DE.	850	à	1200	fr.

1. *Misère et remèdes*; Calmann Lévy, édit. *La vie et les salaires à Paris*, p. 173.

Ce qui, en comptant trois cents jours ouvrables par an, suppose un salaire de 2 fr. 75 à 4 francs par jour, et j'ajoutais : « Au-dessous de 2 fr. 75 c'est la misère noire ; au-dessus de 4 francs, c'est la vie assurée, toujours bien entendu pour un individu isolé, car, lorsqu'il s'agit d'un ménage, la dépense doit être augmentée d'environ moitié, et ensuite d'un tiers par tête d'enfant. »

Ces chiffres, que j'avais cherché à établir aussi consciencieusement que possible, n'ont pas été du goût de tout le monde, et ils ont valu au modeste statisticien que je m'étais efforcé d'être d'assez vives attaques.

Un ouvrier, appelé à déposer devant une commission d'enquête parlementaire, m'a pris à partie, et a demandé si je me contenterais de la nourriture qu'on peut se procurer avec deux francs par jour. Peut-être n'est-ce pas tout à fait ainsi qu'il convenait de poser la question. Certains publicistes charitables, trop émus sans doute pour me lire jusqu'au bout, m'ont accusé d'inhumanité, pour avoir dit qu'une famille pouvait vivre à l'aise à Paris avec 850 francs par an. Ce n'était pas précisément ce que j'avais dit. C'était même juste le contraire. Il n'en demeure pas moins vrai que ces chiffres étaient, dans une certaine mesure, inexacts, mais à un point de vue tout différent de celui auquel ils m'ont été reprochés.

Je croyais en effet que quiconque ne gagne pas à Paris 850 francs par an, c'est-à-dire à peu près 2 fr. 75 par jour, devait ou mourir de faim ou tomber à la charge de la charité publique. C'est en cela que je me trompais.

Un auteur est venu depuis qui a étudié la question de plus près que moi, et qui m'a convaincu d'erreur, car il a démontré qu'il y avait à Paris, non pas des ouvriers à la vérité, mais des ouvrières qui vivaient d'une vie normale et régulière, sans rien demander à personne, et qui gagnaient cependant moins de 2 fr. 75 par jour. Celui qui m'a donné cette leçon d'exactitude, c'est M. Charles Benoist dans son livre intitulé : *l'Ouvrière de l'Aiguille à Paris.*

L'Académie des sciences morales vient tout récemment de décerner un prix à l'ouvrage de M. Benoist. Rarement couronne académique aura été aussi bien méritée. Au lieu de se contenter comme moi, de renseignements approximatifs et un peu de seconde main, M. Benoist est remonté aux sources, c'est-à-dire qu'il s'est adressé directement aux intéressées. Comme il voulait décrire les conditions d'existence de celles qu'il appelle les ouvrières de l'aiguille, modistes, couturières, lingères, corsetières, giletières, piqueuses de bottines, couseuses de casquettes ou de sacs, c'est-à-dire les quatre cinquièmes des ouvrières à Paris, il leur a demandé quels étaient leurs salaires et quelles étaient leurs dépenses. C'est sous leur dictée même qu'il a établi leur budget, appliquant ainsi aux ouvrières de Paris la méthode inaugurée par M. Le Play et continuée par ses disciples dans leurs *Monogra-*

phies des ouvriers des deux Mondes. Cette méthode est bonne et sûre. Elle a ce grand avantage d'écarter la fantaisie, *l'à peu-près*, la déclamation. De plus, elle fait pénétrer jusque dans les plus humbles détails de la vie quotidienne et leur donne un relief singulier. On va juger de l'exactitude et de la conscience avec laquelle M. Benoist l'a employée.

Parmi les nombreux budgets dont M. Benoist a donné les chiffres, j'en choisirai trois parce qu'ils sont typiques.

Voici le premier : c'est celui d'une chemisière. Ce budget a naturellement deux chapitres. Le chapitre *dépenses* s'établit ainsi :

Loyer.	160 fr.
Deux robes à 10 fr.	20 »
Une confection.	12 »
Quatre paires de chaussures à 5 fr. . .	20 »
Deux chapeaux à 3 fr.	6 »
Trois chemises à 2 fr.	6 »
Deux camisoles à 2 fr.	4 »
Quatre mouchoirs à 50 cent.	2 »
A reporter	230 fr.

Report.	230 fr.
Deux draps (entretien).	3 »
Quatre serviettes à 75 cent.	3 »
Éclairage	10 »
Chauffage	12 »
Deux petits tabliers noirs à 1 fr. 50 . .	3 »
Un jupon	2 »
Étrennes de la concierge.	5 »
TOTAL.	268 fr.

A ces articles de dépenses il faut ajouter la nourriture : 90 centimes par jour, ainsi répartis :

Une livre de pain.	0 fr.	20
Le matin, lait.	0	10
A midi, une côtelette	0	25
Vin.	0	10
Charbon.	0	05
Légumes	0	10
Beurre	0	10
TOTAL	0 fr.	90

Soit par an 328 fr. 50. Ce qui avec les 271 francs de dépenses d'autre part porte le budget en dépenses au total de 599 fr. 50.

Voyons maintenant le budget en recettes. Oh! il est bien simple : 300 jours de travail à deux francs par jour. Total 600 francs. Le budget est en équilibre. Les recettes balancent les dépenses. Il reste même 50 centimes pour imprévu.

Ce budget est triste, n'est-ce pas ? Il semble que chacun de ces articles révèle par sa modestie toutes les privations dont se compose la vie de l'ouvrière qui l'a dicté à M. Benoist ? Et cependant c'est une heureuse. Comment une heureuse ? Oui, une heureuse, car, si son salaire est faible, il est régulier. Elle est employée tous les jours ouvrables de l'année dans la même maison. Elle ne connaît pas les horreurs de la morte-saison. C'est presque une petite bourgeoise, puisque la concierge exige des étrennes.

Voulez-vous le budget d'une autre moins heureuse ? C'est celui d'une ouvrière *petite main en confection*, c'est-à-dire d'une toute jeune fille.

Commençons cette fois par les recettes :

1 fr. 25 par jour, ce qui, pour l'année entière, fait 375 francs. Voyons maintenant les dépenses. Je les reproduis encore en détail. Il n'y a pas, en pareille matière, de phrases qui valent de simples chiffres :

Loyer.	100 fr.	»
Une robe	5	»
Un fichu.	2	»
Deux paires de bas	1	30
Deux paires de chaussures. . .	8	»
Deux chemises.	2	50
Une camisole.	1	25
Deux mouchoirs	0	80
Deux serviettes.	0	80
Éclairage	4	»
TOTAL	125 fr.	65

Que dites-vous de ce budget de toilette? N'est-ce pas horrible de penser qu'une créature de dix-huit ans, une ouvrière à l'aiguille qui passe sa journée à confectionner des vêtements de femme plus ou moins élégants, en est réduite à n'avoir qu'une robe, deux paires de bas et deux chemises? Voulez-vous savoir maintenant ce qui lui reste pour sa nourriture ? 65 centimes par jour, treize sous ! Voici comment elle les dépense .

Le matin, lait.	0 fr.	05
Pain (pour la journée).	0	20
A midi, boudin.	0	10
Pommes de terre frites.	0	05
Fromage.	0	10
Le soir, une saucisse	0	10
Pommes de terre.	0	05
TOTAL	0 fr.	65

Que dites-vous également de ce menu, et comme il fait comprendre cette parole atroce dite à M. Benoist : « Dame, monsieur, bien sûr qu'on ne mange pas à son apaisement. » Et comme on comprend aussi que, confident de ces misères, il ne puisse, lui, assez sobre d'exclamations, s'empêcher de s'écrier, après avoir constaté qu'à vingt sous près le salaire de la pauvre fille fait exactement face à ses dépenses : « Et son budget est en équilibre. Mais vienne l'hiver, c'est le froid ; le chômage, c'est la faim ; la maladie, c'est la mort. Voilà tout de même à quoi se réduisent les saintes, celles qui savent se résigner. Les autres celles qui ne se résignent pas, ne font que choisir une autre misère. »

II

FAUTE ET VERTU

Cette autre misère qu'on devine, M. Benoist consacre tout un chapitre, et ce n'est pas le moins poignant de son livre, à en parler. Il a bien fait. La question de l'ouvrière de l'aiguille doit être examinée sous toutes ses faces. La *faute*, comme on dit dans la langue populaire, en est un des aspects les plus douloureux. M. Benoist constate la fréquence de la faute et il en recherche l'explication et l'excuse.

L'excuse est d'abord, sinon dans la nécessité immédiate et pressante de se procurer un morceau de pain, comme la pauvre Sonia de *Crime et Châtiment*, du moins dans ce que Fourier appelait énergiquement *la faim lente* ; c'est-à-dire les appétits de la nature jamais complètement assouvis, et par ce mot *appétits* j'entends ce besoin d'un peu d'amusement, de gaieté, de bonheur si légitime à vingt ans. De ces besoins, les pauvres filles croient trouver l'oubli ou l'apaisement dans l'amour. L'amour les trompe et tourne à être une misère de plus. Leur séducteur est bien moins souvent un *bourgeois libidineux*, comme disait Proudhon, qu'un camarade ouvrier qui a joué vis-à-vis d'elles la comédie du sentiment. Après une résistance plus ou moins prolongée, la jeune fille cède au double instinct du cœur et de la nature. Au lendemain de la chute, elle essaye timidement de parler mariage. Celui auquel elle s'est abandonnée se met à rire. A quoi bon M. le Maire ? Quant à M. le Curé, c'est contre ses principes. Elle se résigne en soupirant et se flatte de l'attendrir peu à peu par sa fidélité. Ici je passe la parole à M. Benoist qui a étudié d'aussi près la question de la faute que celle du budget.

« Jusqu'à ce qu'il vienne un enfant, elle travaillant, lui travaillant, la vie est supportable. Au premier enfant, il la bat; au deuxième il la quitte. Ce n'est pas l'exception c'est la règle. Les exemples abondent à ce point que la somme en est effrayante. » M. Benoist a raison. La statistique le prouve. A Paris, en 1896, sur 58 706 naissances, il y en a eu 16 814 d'illégitimes, soit une proportion de plus 30 p. 100. Dans certains arrondissements qui sont plus particulièrement le centre du travail féminin, cette proportion dépasse 40 p. 100 et va jusqu'à 50 p. 100. Pour l'ensemble de la France elle n'est guère que de 8 p. 100.

L'excuse est ensuite dans l'atmosphère corrompue de l'atelier où l'ouvrière entre parfois un peu naïve, comme il arrive quand elle a été élevée dans un orphelinat, dans les railleries de ses camarades qui, s'apercevant de son innocence, s'amusent à la déniaiser, ou chantent à ses oreilles des chansons polissonnes « pour voir la tête qu'elle fera » ; dans les contacts quotidiens avec ces *mangeuses de pain gagné*, comme elles appellent ces mondaines ou demi-mondaines dont elles cousent les robes de soie, et dont la chronique scandaleuse leur est parfaitement connue. Après tout, pourquoi seraient-elles plus honnêtes que celles qui en ont le moyen, et pourquoi n'imiteraient-elles pas telle ou telle qui a été autrefois *première* ou *mannequin* rue de la Paix, et qui vient aujourd'hui, dans une voiture à deux chevaux, réclamer impérieusement ses *essayages* ?

L'excuse est enfin dans les embûches dont l'ouvrière est environnée, et M. Benoist proclame, d'accord avec tous ceux qui sont entrés dans les détails de sa vie quotidienne, que l'endroit où elle court les plus grands périls, c'est la gargote où elle va prendre son repas de midi.

La gargote ! Il ne semble guère au premier abord qu'une gargote puisse être un endroit bien séduisant. Voici en quels termes M. Benoist nous décrit celle qu'il a visitée, dans le Paris des élégances, à cent pas de la Madeleine : « Une boutique peinte en rouge vif. Une première salle où trône, devant le zinc luisant du comptoir, un gros homme à la voix enrouée et à la mine apoplectique. Dans le fond, une deuxième salle, toute pleine d'un fracas de verre et de bouteilles. Il en sort une fumée âcre où le graillon se mêle à la pipe ; une buée épaisse et blanche dès l'entrée empuantit. »

Cependant, c'est le rêve de beaucoup d'ouvrières de pouvoir y aller chercher un déjeuner chaud, au lieu de manger de la charcuterie dans un coin de l'atelier. Mais il n'est pas permis à toutes de fréquenter la gargote, et de gravir l'étroit escalier en limaçon conduisant à la petite salle, entresolée et basse, où, vers midi, les ouvrières se pressent, et, d'une voix monotone et lasse, commandent leur semblant de déjeuner. Le plus modeste repas coûte cher et il faut payer comptant. M. Benoist a vu une petite modiste demander en rougissant qu'on lui changeât son morceau de pain parce qu'il coûtait trop cher : il était de deux sous. Mais beaucoup ne veulent pas avouer ainsi leur pauvreté au traiteur, et c'est pendant qu'elles méditent, la carte à la main, un menu économique, qu'un galant de crèmerie arrive, et leur propose d'ajouter quelque chose à leur déjeuner, ou même de le payer tout entier. Si elles refusent par un sentiment de fierté, le galant ne se tient pas pour battu. Il revient le lendemain, et offre quelque objet de toilette, un ruban de soie ou une broche en plaqué. Pourquoi refuser et faire sa mijaurée ? Il n'y a pas de mal après tout. Or, toute jeune fille qui accepte que quelque chose lui soit payé, que ce soit un déjeuner ou un ruban, est sur la voie qui la mène à sa perte. Elle ne peut pas toujours recevoir sans rendre. Un peu de fierté s'en mêle. En échange de ce qu'elle a reçu, elle ne peut donner qu'une chose : sa jeunesse ; elle la livre, heureuse si quelque semblant d'amour a précédé cette livraison, et si les prémices du pauvre *trottin* ou de la pauvre *modillon*, pour peu qu'elle soit jolie, n'ont pas été l'objet de quelque marché honteux.

Il faut tout dire, en effet. Il y a quelques années, dans un des restaurants de Paris fréquentés par la société la plus élégante, certain garçon s'était créé une spécialité. A la sortie des ateliers de couture ou de mode, situés presque tous aux environs du boulevard, il remarquait les ouvrières les plus jolies, les suivait à la piste, s'informant de leur situation, et, quand il en rencontrait quelqu'une qui lui semblait d'abord facile, il lui proposait de la mettre en relation avec un riche client « qui lui ferait une situation ». La pauvre *petite main*, à deux francs par jour, avait parfois la faiblesse de se laisser éblouir et d'accepter. Le riche client commençait par la retirer de l'atelier et par la nettre dans ses meubles. Assez souvent, il inissait par la mettre dans la rue, à moins ju'il ne s'en débarrassât en la passant à un ımi. C'est ainsi que beaucoup prennent le :hemin de la prostitution. « Charles. — L'ami de Charles. — Inconnu. » Telles sont es mentions que portait, au début, certain ournal régulièrement tenu par une pensionıaire de Saint-Lazare. Elles débutent par la galanterie. Elles finissent par l'hôpital ou la prison.

Dans son enquête, M. Benoist n'a rien dissimulé de ces ignominies. Encore une fois, l a bien fait. En pareille matière, il ne faut rien cacher. Mais je regrette qu'il n'ait pas fait suivre son chapitre intitulé : *la Misère morale de l'ouvrière,* d'un second qui aurait été intitulé : *Sa vertu.*

La vertu de l'ouvrière parisienne ! Je m'attends bien que ce mot fera sourire, comme era sourire, probablement, ma vertueuse indignation de tout à l'heure. Mais, ainsi que le disait un jour Lacordaire, « par la grâce de Dieu, je n'ai aucune peur du ridicule », et je vais disant ce que je pense. Oui, il y a beaucoup de vertu chez l'ouvrière parisienne, beaucoup de résignation, beaucoup de courage, parfois beaucoup d'héroïsme, et M. Benoist a raison de dire qu'il y en a qui sont des saintes. A l'appui de ce paradoxe, je pourrais invoquer plus d'une autorité compétente. Mais pourquoi ne parlerais-je pas de ce que je sais personnellement, car, en matière d'enquête sociale, rien ne vaut le témoignage individuel ?

Les circonstances font que je suis au courant, dans les plus humbles détails, de la vie d'un certain nombre de jeunes filles, la plupart ouvrières de l'aiguille à Paris, que je connais depuis leur enfance pour avoir été élevées, par les soins de mon père, à l'Orphelinat alsacien-lorrain du Vésinet ; une vingtaine environ. Je ne prétends pas que toutes soient des saintes, et qu'elles le demeureront toute leur vie. Sur vingt jeunes filles élevées au Sacré-Cœur, combien y en a-t-il dont on oserait le dire? Mais je prétends que la moyenne de celles qui mènent une existence régulière, le *pourcentage*, si j'osais emprunter à la statistique cette expression barbare, n'est inférieur à celle d'aucune éducation aristocratique ou bourgeoise, et qu'elles ont plus de mérite que d'autres à marcher droit.

Ces braves filles luttent en effet avec courage contre les difficultés d'une existence singulièrement triste et solitaire. Orphelines, elles n'ont personne pour veiller sur elles. Point de protection, point de conseil. Beaucoup succomberaient si, dans le milieu incrédule où elles se trouvent subitement plongées, elles n'avaient le grand mérite de demeurer obstinément fidèles aux habitudes religieuses que leur ont inculquées leurs maîtresses, les Sœurs de Saint-Charles. C'est là qu'est leur principale force.

Je ne voudrais pas qu'on pût m'accuser à ce propos d'étroitesse d'esprit. Je sais tout ce que certaines femmes puisent de vertu et de dignité dans les principes d'une philosophie un peu vague, dans le respect d'elles-mêmes, et, pour dire toute ma pensée, surtout dans une fidélité inconsciente à ce pur idéal de la morale chrétienne dont toute notre société a été si profondément pénétrée que les plus rebelles en demeurent imbues. Mais pour préserver une jeune fille du peuple de la tentation et de la chute, rien ne vaut la crainte de désobéir au bon Dieu, de déplaire à la sainte Vierge, et le ferme propos de demeurer une véritable *Enfant de Marie.*

A ces mots, il me semble que je vois sourire presque tous mes lecteurs, et même quelques-unes de mes lectrices. *Enfant de Marie*, qu'est-ce que cela peut bien vouloir dire ? Le voici : c'est fort simple. On appelle ainsi dans les couvents, dans les orphelinats, dans les écoles de Sœurs, des associations formées entre jeunes filles, âgées de plus de quinze ans, dont la règle extérieure n'oblige qu'à certaines pratiques de piété fort aisées à suivre, mais dont le but véritable est de fortifier les jeunes filles, jusqu'à leur mariage, dans la pratique de la vertu féminine par excellence : la pureté. Comme cette vertu est réputée la plus agréable à la Vierge, on les appelle *Enfants de Marie*.

Pendant la période d'éducation le titre d'*Enfant de Marie*, qui donne le droit, comme aspirante, de porter un ruban vert, et comme titulaire, un ruban bleu avec une médaille, n'est qu'un moyen d'émulation. A quinze ans, dans un orphelinat, une jeune fille s'engage à être *Enfant de Marie*, sans savoir ce qu'elle promet. A peine sortie, elle ne le comprend que trop vite, et le vœu qu'elle a fait est une barrière de plus. Quand, après quelques années de vie d'atelier, une ouvrière, écrivant à ses anciennes maîtresses, signe encore : *Enfant de Marie*, celles-ci peuvent être tranquilles. A moins qu'elle ne soit d'une hypocrisie monstrueuse, c'est qu'elle est demeurée sage.

J'en reviens à mes petites Alsaciennes. Les pauvres enfants se sentent singulièrement isolées, lorsqu'à vingt et un ans on les lâche dans ce grand Paris où, souvent, elles ne connaissent pas âme qui vive. Père et mère sont morts; grands-parents, oncles, tantes, cousines, tout ce qui peut environner une jeune fille, n'ayant pas opté, est demeuré au pays natal. Parfois, dans les derniers temps de leur séjour à l'orphelinat, lorsqu'elles sont devenues de vraies femmes, l'instinct de l'indépendance s'éveille ; elles soupirent après leur liberté. Quand elles l'ont obtenue, elles ne savent qu'en faire, et, comme des oiseaux effarouchés, n'ont qu'une idée : c'est de revenir le plus souvent possible au nid. Tel fut, en particulier, le cas d'une dont je me souviens qui était devenue fort difficile dans les derniers mois, et qui comptait les jours jusqu'à sa sortie, comme un écolier à la veille des vacances. Une fois envolée, nous craignions bien de ne plus la revoir. Nous lui avions procuré du travail dans un atelier de couture, et, sur nos conseils, au lieu d'aller loger en garni, elle avait pris gîte dans une maison tenue par des Sœurs. Quelque temps après j'allai l'y voir. Je lui trouvai l'air triste et abattu. Je la pressai de questions. Avait-elle quelque chagrin ? était-on dur pour elle ? « Non, monsieur, finit-elle par me dire en pleurant ; mais cela me fait de la peine de ne pouvoir pas aller au Vésinet, aussi souvent que je le voudrais. »

Une autre, lasse aussi de la vie nécessairement un peu claustrale de l'orphelinat, me fit un jour cette déclaration : « Je m'ennuie ici parce que mon cœur est fait pour aimer. » J'étais un peu inquiet de savoir où l'amour conduirait la pauvre enfant. L'amour ne l'a point mal dirigée. Après avoir passé plusieurs années, dans un atelier, où, suivant l'expression populaire, elle en voyait de *toutes les couleurs*, elle sollicita son admission comme novice à la maison-mère de l'ordre de Saint-Charles. Elle vient de prononcer ses vœux définitifs il y a quelques mois.

C'est le parti que prennent un certain nombre d'entre elles, après qu'elles ont fait connaissance avec les épreuves et les déceptions de la vie. Telle a été chercher fortune en Amérique. Telle a essayé d'apprendre l'anglais, rêvant d'être un jour interprète dans un grand magasin, et s'est imposé un morne séjour à Londres. La fortune n'est point venue. Le rêve s'est envolé. La tristesse, le découragement, l'amertume les auraient gagnées si le couvent ne leur avait ouvert ses portes. Je les ai connues anxieuses, agitées, malheureuses. Toutes les fois que je les revois sous la cornette, je les trouve sereines et gaies.

Le plus grand nombre cependant, au sortir de l'orphelinat, entame courageusement la lutte pour la vie. Comme elles sont généralement bonnes ouvrières (la race alsacienne est laborieuse et forte), un grand atelier de chemiserie, qui a plusieurs dépôts de vente dans Paris, les prend volontiers comme mécaniciennes, c'est-à-dire pour faire marcher les machines à coudre. Le salaire du début est de trois francs. Quand, depuis son enfance, on est accoutumée à être logée, couchée, habillée et nourrie, le tout pour rien, et qu'il faut, du jour au lendemain, pourvoir à tous ses besoins, on peut penser qu'il y a un rude apprentissage à faire. Mais il y a de l'avancement à l'atelier comme au régiment. Comme mécanicienne de première classe on peut être payée 3 fr. 25 ou 3 fr. 50; 3 fr. 50 également comme visiteuse chargée d'inspecter le travail des autres (c'est comme qui dirait caporal ou sergent) enfin 4 francs comme vendeuse au magasin. C'est le bâton de maréchal. Il n'y a rien à espérer au delà.

De 900 à 1200 francs, par an (car il ne faut guère compter plus de trois cents jours ouvrables), voilà donc ce que peut gagner à Paris une bonne ouvrière, dans la force de l'âge. Sans doute il y a des couturières, des modistes, des fleuristes qui gagnent davantage. Nous avons vu aussi qu'il y en a qui gagnent beaucoup moins. Je donne ce chiffre comme une moyenne, et la moyenne des heureuses, car celles dont je parle, travaillant régulièrement pour la confection, ne connaissent pas les horreurs du chômage. C'est suffisant pour vivre; je crois l'avoir établi d'autre part; mais on avouera que c'est court, et que les deux chapitres : *menus plaisirs* et *économies*, même additionnés, ne doivent pas représenter un gros chiffre.

Cependant il y en a qui économisent, car la race alsacienne est aussi une race économe. J'en connais. On me permettra de rapporter ici la conversation que j'eus un jour avec l'une d'elles, gentille jeune fille, blonde, fine, sortie depuis plusieurs années de l'orphelinat, et qui, par conséquent, avait passé par l'épreuve du feu.

Elle me contait la difficulté de ses débuts en qualité de mécanicienne à trois francs par jour, son ahurissement dans un grand atelier où elle ne connaissait personne, les horreurs qu'elle était obligée d'entendre, les pièges de la gargote où dans les premiers temps elle avait pris ses repas. En effet, elle avait essayé de s'établir toute seule dans une petite chambre, et de manger dans une crèmerie. Mais comme c'est une nature aimante, sa solitude lui pesait affreusement, et, comme elle sentait vaguement le danger que lui faisait courir la tendresse naturelle de son petit cœur, elle avait pris pension dans une maison de Sœurs où la vie est un peu claustrale, où il faut rentrer tous les soirs à neuf heures, ce qui ne permet jamais d'aller au théâtre avec des camarades, mais où du moins elle se sent choyée et protégée. Et elle continuait : « Maintenant, je suis bien contente. Figurez-vous, monsieur, que je gagne quatre francs par jour. Je suis vendeuse au magasin. On me laisse même y manger, et réchauffer mon déjeuner sur le fourneau du patron. Cela me dispense d'aller à la crèmerie. Aussi je peux faire des économies. J'ai déjà placé cent cinq francs à la Caisse d'épargne. Me voilà capitaliste », ajoutait-elle en riant.

Puis elle me contait aussi ses chagrins: un seul jour de congé chaque quinzaine, et jamais le dimanche, ce qui la forçait à se lever de bien grand matin pour aller à la messe. Et elle finissait par me confier en pleurant les chagrins que lui causait une jeune sœur qui n'était pas aussi sage qu'elle, et qui lui faisait bien de la peine. Car il ne faudrait pas croire que, dans certaines familles du peuple, le sentiment de l'honneur de la femme soit moins vif que dans les nôtres. J'ai eu à m'occuper, il y a quelques années, d'une jeune fille alsacienne (j'ai dit qu'elles ne sont pas toutes des saintes) qui avait commis la *faute*, qui avait été chassée du foyer domestique par deux frères inexorables, et à laquelle la pauvre mère faisait parvenir en secret des secours pour qu'elle pût élever son enfant.

Celles qui veulent demeurer sages savent bien que la *faute* est pour elles le danger et la tentation perpétuels. Dans nos milieux, le danger pour la femme commence après le mariage. C'est précisément le contraire dans les milieux populaires où le mariage est au contraire une sauvegarde. Quand on a un ménage à tenir, des enfants à soigner, on n'a pas le temps de faire la coquette, et puis le mari n'entendrait pas raillerie. Il cognerait, s'il ne tuait pas. Mais ce mari, la première condition, c'est de le trouver. Il s'en faut que cela soit facile dans les milieux populaires.

L'ouvrier parisien répugne de plus en plus au mariage, l'employé encore plus. Or c'est à épouser un employé qu'aspire toujours une ouvrière de la couture ou de la mode. L'employé est plus soigneux de sa personne, plus affiné dans son langage, plus lettré, plus galant que l'ouvrier. A sa camarade d'atelier ou de magasin il apparait comme appartenant à une condition supérieure. Il connaît son prestige, et en abuserait volontiers pour lui faire la cour et tout ce qui s'ensuit. Mais l'épouser c'est une autre affaire. Que lui apporterait-elle en dot ? Rien que des enfants à nourrir. Grand merci ! Il n'en a pas besoin. Il a bien assez d'avoir à se nourrir lui-même. Au bout de deux ou trois ans de magasin ou d'atelier, l'ouvrière sait cela parfaitement. Aussi dès que le danger apparaît, prudente, elle prend la fuite.

Puisque je suis en veine d'indiscrétion, je trahirai encore une de mes petites Alsaciennes, au mélancolique roman de laquelle j'ai été quelque peu mêlé. Elle avait une bonne place dans un grand magasin où elle gagnait 4 francs par jour. Un dimanche matin elle vint me trouver, et me demanda de lui procurer une autre situation. Je lui demandai ses raisons. Comme elle ne m'en donnait que de très vagues, je lui dis un peu brusquement : « Tout cela n'est pas sérieux. Il y a quelque chose que vous me cachez. » La pauvre enfant se troubla, rougit et finit en pleurant par avouer la vérité.

Il y avait à son comptoir de vente un employé tout à fait gentil. On s'aimait bien, mais jamais il ne l'épouserait, car sa sœur était devenue la femme d'un rentier, et sa mère n'accepterait jamais comme belle-fille une simple ouvrière. Il valait donc mieux qu'elle quittât le magasin. — « Comment savez-vous, lui dis-je, qu'il ne consentirait pas à vous épouser. Vous l'a-t-il dit ? — Non, répondit-elle. Il ne m'a même jamais parlé de rien. — Alors comment savez-vous qu'il vous aime ? » A cette question délicate elle répondit ingénument : « Oh, monsieur, quand on est toujours ensemble au même comptoir, ça se sent bien, sans qu'on vous le dise. »

Ainsi s'écoule la vie d'un grand nombre de ces pauvres filles, entre les privations matérielles et les difficultés morales, ne pouvant s'accorder ni un plaisir ni une fantaisie, en lutte perpétuelle contre les instincts les plus naturels de leur âge et les besoins les plus légitimes de leur cœur. Et cependant la plupart sont gaies, tant est fort chez elle le bouillonnement de la jeunesse.

Je ne parle ici que des heureuses, de celles qui trouvent dans un travail assuré un salaire suffisamment rémunérateur. Mais les autres! Celles dont M. Benoist a dressé le budget, celles à deux francs par jour, ou moins, comment y penser sans un serrement de cœur, et surtout, car la sensibilité qui ne se traduit que par des phrases est chose vaine, comment ne pas se demander s'il est possible de leur venir directement ou indirectement en aide. Directement, j'en doute fort ; indirectement je le crois, dans une mesure et par des moyens détournés que je voudrais essayer d'indiquer

III

RESTAURANTS D'OUVRIÈRES

La misère de l'ouvrière de l'aiguille a deux causes : l'exiguité du salaire, la fréquence du chômage. Sur la question du chômage, il y aurait beaucoup à dire. Nous y reviendrons. Ne parlons pour l'instant que de l'exiguité du salaire.

A l'exiguité du salaire je ne connais pas de remèdes directs. Par remèdes directs, j'entends des remèdes législatifs. Je ne voudrais pas discuter en passant la grosse question de savoir si l'État a le droit d'intervenir pour régler par la loi les conditions du travail. En effet, si ce droit est, à mon sens du moins, très contestable en ce qui concerne les ouvriers majeurs, il n'en est pas de même en ce qui concerne les ouvrières. Sous beaucoup de rapports la loi française considère la femme comme une mineure, en particulier lorsqu'il s'agit pour elle de s'obliger. C'est bien le moins qu'elle soit considérée comme telle quand il s'agit de la protéger. Peut-être même, à certains points de vue, ne l'est-elle pas assez efficacement.

La loi a entrepris du moins de la protéger dans son travail. Un acte législatif récent interdit d'employer les femmes à aucun travail de nuit, et plus de onze heures par jour [1]. Je ne voudrais pas discuter ici l'efficacité de cette loi, tellement contraire aux conditions véritables du travail, en ce qui concerne du moins les ouvrières de l'aiguille, qu'un règlement d'administration publique a dû postérieurement (M. Benoist l'a très bien démon-

1. Loi du 3 novembre 1892, art. 3 et 4.

tré dans son livre) l'abroger en partie. Mais cette loi n'a point eu, et ne pouvait avoir la prétention d'augmenter le salaire des femmes. Aucune disposition législative ne saurait avoir cet effet, et je ne puis m'empêcher d'admirer la prodigieuse naïveté économique de ces théoriciens du salaire *minimum* ou du salaire *familial* qui croient ou affectent de croire le contraire. De remèdes directs à l'exiguité du salaire des ouvrières de l'aiguille, cela est triste à dire, il n'y en a pas.

Indirectement au contraire, et en pure doctrine, le taux de ces salaires pourrait être relevé par l'entente des femmes entre elles. Je dis : en pure doctrine, car cette entente n'existe absolument pas. Parmi les causes qui ont fait notablement hausser les salaires des hommes depuis trente ans dans un grand nombre de professions, il faut compter l'action des syndicats. Cette action a été, dans certains cas, maladroite et excessive. Dans d'autres, elle a été parfaitement légitime, en forçant des patrons, dont l'industrie était prospère, à partager avec leurs ouvriers les avantages de cette prospérité. Mais cette arme redoutable du syndicat ne semble point convenir aux mains féminines.

Il existe un grand nombre de syndicats d'hommes. Il n'y avait, dans toute la France, que vingt-six syndicats exclusivement composés de femmes. A Paris, il y a deux syndicats de couturières, mais ils ne comprennent qu'un très petit nombre d'adhérents, et cela s'explique facilement. Ces ouvrières sont légion : trois cent mille environ. Elles travaillent dans les conditions les plus différentes, un peu à tous prix, les unes par misère, les autres au contraire parce que leur salaire, si réduit qu'il soit, vient s'ajouter à celui du mari. Elles sont dispersées dans la grande ville, ne se connaissant point, et travaillant dans une quantité de grands ou de petits ateliers disséminés. De là l'impossibilité de s'entendre et de se réunir, sans compter le défaut d'initiative qui est propre aux femmes. La constitution d'un syndicat général des ouvrières de l'aiguille, qui en théorie, pourrait amener un rehaussement des salaires, en pratique demeurera toujours, je le crains du moins, une chimère.

Il n'en serait pas de même d'une entente avec ces puissantes entrepreneuses, d'une nature particulière, qu'on appelle les congrégations. Je m'explique. On sait que les directeurs des magasins de confection, qui font beaucoup d'affaires, ne débattent pas directement leurs prix avec les ouvrières qui travaillent pour eux. Elles sont trop nombreuses. Ils s'adressent généralement à l'une de leurs anciennes ouvrières qui, par son intelligence et son industrie, s'est élevée au-dessus des autres. Ils lui font en gros la commande d'un certain nombre de marchandises, à prix débattu. Celle-ci répartit à son tour le travail entre un certain nombre d'ouvrières qu'elle connaît, et se réserve bien entendu un bénéfice. C'est ce qu'on appelle *une entrepreneuse*. Elle joue dans les industries féminines le même rôle que le tâcheron ou le marchandeur dans l'industrie masculine. Or c'est, à peu de chose près, ce que font à Paris un certain nombre de congrégations. Elles traitent avec les magasins de confection, et font effectuer la commande dans leurs orphelinats ou leurs ouvroirs par les enfants ou les jeunes filles, auxquelles elles apprennent à travailler. Le prix payé par le magasin sert à couvrir les frais généraux de la maison où s'exécute le travail, sauf une certaine part qui est intelligemment répartie entre les jeunes ouvrières, comme prime et encouragement au travail. Eh bien, si les dix ou douze congrégations (il n'y en a guère davantage) qui tiennent, à Paris, tous les orphelinats, ouvroirs, patronages, s'entendaient entre elles, ce qui, pour le coup, serait excessivement facile, et si, au lieu de se disputer, comme elles font trop souvent, les commandes, au moyen de rabais, elles arrêtaient d'un commun accord, pour tous les articles, des prix au-dessous desquels elles ne travailleraient pas, comme, d'autre part, elles travaillent dans des conditions de régularité, de soin, de propreté qui sont très appréciées, les grands magasins (qui gagnent un peu trop peut-être) finiraient par en passer par où elles voudraient, à condition toutefois que leurs exigences fussent raisonnables.

Un syndicat des congrégations (pourquoi reculer devant le mot propre) pourrait donc rendre de grands services en relevant les prix du travail féminin, car les autres entrepreneuses ou les petites ouvrières travaillant directement pour les magasins de confection pourraient régler leurs prétentions sur cette série de prix, et réclamer l'application du même tarif. Mais il faudrait pour cela que l'État ne fît pas la vie si dure aux pauvres congrégations, et qu'une partie du temps de ceux qui les dirigent ne fût pas employé à dérober leur avoir aux exigences exorbitantes du fisc. Il faudrait qu'une législation libérale leur assurât le droit d'exister, de contracter, de plaider au besoin, au lieu de faire dépendre tous ses droits du bon plaisir et de l'arbitraire administratif. Il faudrait enfin, pour tout dire, que les congrégations au lieu d'être un peu routinières, et de vivre chacune dans son coin, parfois en se jalousant, fissent preuve d'un certain esprit d'entente et d'initiative. Je gage que si une bonne partie du travail féminin était en Angleterre ou en Amérique, comme il l'est en France, aux mains des couvents, patronages, orphelinats et ouvroirs, il y a beau temps que les grands magasins auraient à traiter avec une *trade union* de femmes en cornette.

S'il n'y a, comme je viens de l'expliquer, point de moyen direct, et guère de moyens indirects de relever le salaire des ouvrières de l'aiguille, il existe cependant, Dieu merci, un autre procédé pour leur venir en aide :

c'est de diminuer pour elles le coût de l'existence.

Pour l'ouvrière de l'aiguille, il y a trois sources de dépenses : la toilette, la nourriture, le loyer. La toilette est peu de chose : coupons d'étoffe, carcasse de chapeaux, rubans un peu défraîchis, fleurs un peu passées s'obtiennent assez facilement de la générosité de la patronne, quand la *gratte* (c'est le mot consacré dans le métier) ne les procure pas à la dérobée. Avec ses doigts de fée, elle tire merveilleusement partie de ces déchets, et c'est ce qui explique que l'ouvrière parisienne la plus pauvre soit généralement si bien mise. Reste la nourriture et le loyer. En allégeant pour elle cette double charge, on peut singulièrement faciliter son existence. C'est ce qui a été tenté avec succès dans ces derniers temps.

Demoiselles du Téléphone! *Trottins! Modillons! Petites mains!* j'étonnerais fort beaucoup d'entre vous, si je leur disais le nom et l'occupation antérieure du religieux qui, le premier, a eu l'idée d'ouvrir pour vous des restaurants dans ces quartiers où, nu-tête et le nez en l'air, vous couriez après votre déjeuner de midi. Je ne le trahirai pas. Si l'on apprenait en effet qu'après avoir employé la première moitié de sa vie à former des officiers pour notre armée, il consacre aujourd'hui la seconde à venir en aide aux petites ouvrières, de quelles ténébreuses menées ne l'accuserait-on pas, en effet. Ce serait l'alliance du goupillon non plus seulement avec le sabre, mais avec l'aiguille. Je ne saurai cependant dissimuler que c'est son influence qui a décidé l'*Union Chrétienne des ateliers de femmes* [1] à créer le premier restaurant d'ouvrières, place du Marché Saint-Honoré. L'empla-

1. L'Union Chrétienne des ateliers de femmes est, comme son nom l'indique, une société de patronnes qui s'obligent par les statuts de la société à faire régner dans leurs ateliers et à prendre pour règle dans leurs rapports avec leurs ouvrières les principes et les règles de la morale chrétienne. Un certain nombre de femmes du monde font également partie de la société.

cement n'était pas facile à choisir, car il fallait à la fois que ce restaurant ne fût pas trop loin des grands magasins de la couture, et cependant que le loyer n'en fût pas trop élevé. A tous les points de vue du reste l'œuvre était assez malaisée.

La principale difficulté était d'attirer les clientes. Or ces demoiselles sont difficiles. Elles veulent bien payer moins cher qu'à la gargote, mais elles veulent être mieux nourries, et si on leur proposait une cuisine grossière, sans autre assaisonnement que la simple vertu, on les rebuterait bien vite. Aussi le problème du menu à leur offrir est-il assez difficile à réaliser. Généralement elles ont peu d'appétit, malgré leurs vingt ans, et cela se comprend, étant donnée l'existence sédentaire qu'elles mènent, privées d'air et d'exercice. Les grosses viandes ne les tentent point. Elles n'aiment que les petits plats. Quelques-unes exigent aussi du dessert et du café. Si on ne leur en donnait point, elles retourneraient à la gargote.

Tout cela, il faut le leur servir pour un prix modique : quinze sous minimum, vingt sous maximum [1]. Celles qui peuvent mettre ce prix à leur déjeuner sont les riches.

Il y avait une autre difficulté. Comme c'était une pensée pieuse qui avait réuni les fondateurs du premier restaurant, ils avaient cru devoir mettre vis à vis de la porte d'entrée un crucifix. Il n'en a pas fallu davantage pour écarter un certain nombre de clientes, non point par hostilité préconçue,

1. Pour ceux de nos lecteurs qui ont le goût de la précision nous reproduisons ici la carte d'un de ces restaurants.

RESTAURANT DE DAMES SEULES
47, RUE DE RICHELIEU (*Au premier étage*).
SALON DE LECTURE
ET
Restaurant à prix fixe : 0.90
Pain — Vin — Bière ou Lait
Un plat de Viande, un légume, un dessert
Au choix
AU REZ-DE-CHAUSSÉE (*Restaurant à la carte*)

Potages maigres et gras.	0.15	Légumes	0.15
Viande en ragout	0.30	Primeurs	0.20
Viande rôtie ou grillée .	0.40	Salades	0.15
Poisson . . . . . 0.30 et	0.40	Desserts . . . . . 0.10 et	0.15

Café 0.10

mais parce qu'elles ne voulaient point être catéchisées malgré elles[1]. Elles craignaient qu'on ne les ennuyât pendant leur déjeuner par des sermons. On ne le fait point, et on ne demande à celles qui se présentent ni acte de baptême, ni certificat de bonne conduite. Vient qui veut.

C'est un spectacle assez curieux que de les voir arriver les unes après les autres, sur le coup de midi, s'arrêter toutes invariablement devant le miroir qui est suspendu auprès de la porte pour rajuster leur chapeau ou leurs frisons, se dire bonjour quand elles ne viennent pas du même atelier, et faire choix sur le menu du jour des plats qu'elles préfèrent, le tout à la hâte, car elles ont pour déjeuner à peine une heure, y compris le temps d'aller et de revenir de

1. Je crois que pour cette raison on n'a pas jugé nécessaire de mettre un crucifix dans le second restaurant. On a bien fait. La vue de cet emblème pieux mettait cependant mal à l'aise certaines consciences. « Cela m'étouffe de manger là devant, » s'écriait un jour une brebis galeuse ; et elle s'en alla.

l'atelier au restaurant, et du restaurant à l'atelier. On les laisse bavarder à l'aise pendant ce court espace de temps qui leur est alloué. On n'essaie point de les endoctriner mal à propos. Pour exercer une influence morale on compte sur l'atmosphère ambiante. Sans prétendre que toutes celles qui fréquentent les restaurants d'ouvrières soient des rosières, il est certain cependant que c'est l'élite. Ce qu'elles viennent y chercher en effet, ce n'est pas seulement un repas à meilleur compte : c'est la tranquillité, la décence, la sécurité contre ces pièges de la gargote dont j'ai parlé. Le seul fait qu'elles préfèrent un restaurant où les hommes ne sont pas admis parle en leur faveur. Le bon exemple qu'elles se donnent ainsi les unes aux autres vaut tous les sermons.

Sous la même influence deux autres restaurants d'ouvrières ont été ainsi ouverts successivement, l'un 47, rue de Richelieu, l'autre rue Jean-Jacques Rousseau, spécialement affecté aux demoiselles du téléphone, et qui rendait bien des services. Il a été malheureusement fermé depuis pour des raisons que j'ignore, ou plutôt que je sais trop.

Cette influence était incontestablement une influence catholique. Il n'en a pas fallu davantage pour que le monde charitable protestant se piquât d'honneur. Ces rivalités confessionnelles, qui revêtent parfois des formes assez mesquines, tournent ainsi dans la pratique au bien général. Comme il n'y a pas en effet deux manières de faire la cuisine, l'une protestante, l'autre catholique comme les ouvrières protestantes sont aussi bien reçues dans les fourneaux catholiques que les ouvrières catholiques dans les fourneaux protestants (puisqu'il paraît que les fourneaux ont une religion), on n'en ouvrira jamais trop. Il faut donc se féliciter de ce qu'un comité de dames protestantes a ouvert un fourneau très bien tenu et très bien placé, 60, rue d'Aboukir, en plein centre du travail féminin le moins rétribué, celui des couseuses de casquettes, des confectionneuses de chapeaux et autres industries de même nature.

Cependant, vu ses prix un peu élevés, le restaurant qui s'intitule le *Foyer de l'Ouvrière* reçoit surtout des demoiselles de magasin et des employées de commerce. Je dois dire que la directrice s'efforce d'exercer sur les jeunes filles qui viennent chercher un abri à ce foyer une certaine influence religieuse. Enfin ajoutons, pour être complet, qu'un fourneau qui n'a rien de confessionnel a été ouvert sur la rive gauche (21, rue du Bac) par les soins d'un comité de dames qui comprend des protestants, des israélites et quelques catholiques.

Je crois savoir qu'un nouveau fourneau qui sera très bien administré, si j'en juge à l'avance par l'intelligence des femmes qui s'en occupent, sera ouvert dans le quartier des Ternes. L'idée est donc lancée. Il faut souhaiter qu'elle fasse un rapide chemin : *Crescite et multiplicamini.*

Toutefois, les personnes qui seraient

tentées de s'adonner à cette œuvre utile doivent se garder d'une illusion ; c'est que, l'entreprise une fois lancée, la charité puisse s'en désintéresser. C'est une erreur. Tous ceux qui se sont occupés de fourneaux économiques savent, en effet, qu'à Paris, du moins, un fourneau bien administré couvre toujours tous ses frais, y compris ceux du personnel, mais pas toujours ceux du loyer. C'est là une formule que l'expérience enseigne et que le bon sens indique. Le loyer varie en effet suivant le quartier. Assez faible dans les faubourgs, il est élevé au contraire dans les quartiers du centre. Or, comme il y a des ouvriers partout, il faut bien qu'il y ait des fourneaux partout. Le loyer est donc une *inconnue* qu'il est impossible de fixer à l'avance. Pour les restaurants d'ouvrières en particulier, le loyer sera toujours une lourde charge, car il faut, de toute nécessité, que ces restaurants soient à portée des ateliers où elles travaillent, c'est-à-dire dans les quartiers du centre. Si l'on haussait le prix des portions pour se récupérer des frais de loyer, on ne ferait qu'imiter les gargotiers à qui elles pourraient bien être tentées alors de donner la préférence. Il est donc fréquent que, pour une part plus ou moins forte, et au début surtout, le loyer reste au compte de la charité.

J'ai rencontré, chez certaines personnes, la crainte que les clientes de ces restaurants dont je parle ne fussent humiliées de ce bienfait indirect. En aucune façon. Sans doute, si, à la porte d'un restaurant, on voulait donner à l'une d'elles vingt sous pour payer son déjeuner, elle refuserait fièrement. Elle ne demande pas l'aumône. Mais, lorsqu'elle paie de sa poche un bon déjeuner moins cher qu'ailleurs, la pensée qu'elle est redevable de cette économie à une sollicitude amie ne lui fait pas perdre un coup de dents, et peut-être s'élève-t-il dans son cœur une vague pensée de reconnaissance pour ces bienfaiteurs ou bienfaitrices inconnus. Loin de bannir la charité des restaurants d'ouvrières pour en faire une simple affaire, il faut donc lui laisser sa place. Il se pourrait même que ce fût là un des bons côtés de cette œuvre de rapprocher par le cœur et la pensée des femmes qui s'ignorent, celles qui portent les robes de celles qui les font.

IV

MAISONS DE FAMILLE

Après la question de la nourriture qui est quotidienne, vient pour l'ouvrière celle du logement. Sans être aussi vitale, cette préoccupation, pour elle, n'en est pas moins aiguë. En effet, s'il est à la rigueur possible de faire dans les moments de chômage, des économies sur la nourriture, il n'en est pas de même sur le loyer. Qu'on ait ou non du travail, le terme arrive toujours, inexorable. Le propriétaire ou plutôt le redoutable concierge par lequel il est représenté, ne consent ni réduction, ni délai. Il faut payer, sous peine de voir son mobilier saisi, et de se trouver dans la rue.

Pour la jeune fille qui vit avec ses parents, la question du loyer ne se pose pas. Parfois elle couche en troisième, dans la chambre de ses parents ; parfois dans un petit cabinet, avec un ou deux frères aussi âgés qu'elle. Du moins, elle n'a rien à payer de ce chef.

Il n'en est pas de même de celle qui est orpheline, ou dont les parents habitent la campagne, et lui ont permis d'aller à Paris chercher du travail. Il y en a beaucoup dans cette situation, qui sacrifient la certitude d'un maigre salaire en province au mirage de salaires plus élevés qu'elles ne sont pas sûres de trouver dans la grande ville. Pour celles-là, il faut à toute force trouver une chambre, ou loger en *cabinet meublé*, comme disent les affiches des hôtels garnis. La moindre chambre coûte, nous l'avons dit, cent francs. Souvent il faut aller au delà, cent cinquante, cela dépend du quartier. L'ouvrière paiera sa chambre plus ou moins cher, suivant qu'elle se logera plus ou moins loin de son ouvrage, et elle pourra se procurer une économie de vingt ou trente francs au prix de la fatigue et même du péril de revenir seule, la nuit, du plein centre de Paris dans un faubourg éloigné. Il y en a cependant qui préfèrent cette fatigue parce que cette longue course est aussi pour elles une occasion de prendre de l'air et de l'exercice. Quand on a des jambes de vingt ans, c'est si bon une heure de marche après une journée étouffante passée à l'atelier. En hiver c'est un peu dur, mais on s'y fait.

La chambre ne suffit pas. Il faut encore la garnir d'un petit mobilier, si modeste qu'il soit, pour servir de gage au propriétaire. Pas un concierge ne laisserait entrer une locataire qui n'aurait pas de meubles. Un lit, un matelas, deux paires de drap, une table, une petite commode, quelques ustensiles et effets de toilette, c'est le moins qui soit exigé. Il faut acheter tout cela d'un coup.

C'est une lourde dépense. Il est vrai qu'il y a certains magasins qui font crédit. On paie dix ou vingt frans par mois un mobilier estimé très au-dessus de valeur. Si l'ouvrière peut s'acquitter jusqu'au bout, elle aura payé pour la somme dont elle était redevable un intérêt exorbitant. Si elle est en retard d'un seul paiement, le magasin reprend la totalité du mobilier dont peut-être il aura déjà perçu le prix. Des fortunes ont été faites par ce procédé plus ou moins loyal. Mais il faut en passer par là. Quand on est pauvre, le crédit coûte cher, et le proverbe : *on ne prête qu'aux riches* apparaît comme une cruelle vérité économique.

Pour échapper à la nécessité d'acheter un mobilier, l'ouvrière peut-elle, comme je le disais tout à l'heure, se loger en cabinet meublé, c'est-à-dire dans un garni. Si elle veut rester sage, c'est impossible. Seuls certains garnis de bas étage clandestins reçoivent des femmes isolées. Les autres, ceux qui sont honorablement tenus, les refusent, pour ne pas favoriser sans le savoir un vilain commerce, et se créer ainsi des difficultés avec la police des mœurs. Si une ouvrière, arrivant de province et peu au courant de ces mystères parisiens, se présente au bureau d'un garni, demandant une chambre, le propriétaire lui dira : « Nous ne recevons pas de femmes seules. Si vous étiez accompagnée, ce serait différent. » En effet, que la même ouvrière se présente deux ou trois jours après accompagnée d'un homme, elle pourra sans difficulté occuper le même cabinet que lui, et se faire inscrire sous le même nom. Qu'importe au teneur du garni un ménage parisien de plus. Il y en a tant, et il n'a pas à entrer dans ces affaires-là.

Est-il possible de trouver un remède à cette difficulté, qui est sérieuse pour les ouvrières isolées, en créant un ou plusieurs garnis bien tenus qui ne s'ouvriraient que pour elles. C'est une question singulièrement délicate. Une société charitable, qui est coutumière d'ingénieuses nouveautés, la

Société philanthropique, l'étudie en ce moment. Sans doute elle la résoudra heureusement.

Entre le garni, où l'on ne veut pas d'elle, et la chambre qu'elle ne peut pas meubler, l'ouvrière orpheline ou sans famille se trouve donc à Paris fort embarrassée. Heureusement la charité commence à pourvoir à cet embarras. Il y a longtemps que sous le nom d'*Œuvres de bonne garde,* ou de *Patronages internes*, plusieurs maisons religieuses : en particulier celles tenues par les Sœurs de Vincent de Paul, donnent à coucher et à manger le soir à un plus ou moins grand nombre de jeunes filles, employées à Paris dans les ateliers de couture ou dans les magasins. Les Sœurs y reçoivent de préférence, et cela est fort naturel, les enfants qu'elles ont connues dans leur jeune âge, comme écolières ou orphelines, et qu'elles ont suivies dans la vie. L'*Œuvre de bonne garde* ou le *Patronage interne* devient ainsi une sorte de prolongement de la vie d'école ou d'orphelinat. On y est tenue de court et traitée un peu en petite fille. Beaucoup d'ouvrières n'aiment pas cela, et bien que les œuvres dont je parle soient excellentes, on pouvait faire et on a fait mieux, en créant des maisons spéciales pour les ouvrières auxquelles on a donné un heureux nom en les appelant des *maisons de famille*.

C'est bien en effet l'illusion de la famille qu'il faut donner à ces pauvres filles, et j'aime encore mieux ce nom que celui que les Anglais donnent aux institutions du même genre : *Home for friendless girls*, « Maison pour les jeunes filles sans amis. » L'appellation est touchante aussi, mais pour les jeunes filles, le meilleur des amis, c'est la famille. Quand ce bonheur lui a été refusé, il faut tâcher de lui faire un nid qui lui en donne un peu l'illusion.

Il existe à Paris quatre maisons de famille exclusivement consacrées aux ouvrières. Deux ont été fondées sous l'influence de l'*Union chrétienne des ateliers de femmes*, une autre sous l'autorité du *Syndicat de l'Aiguille*, une enfin par la Communauté des Sœurs de Marie Auxiliatrice [1]. Je parlerai en détail, dans un instant, de cette dernière maison. Un mot sur les premières.

J'ai dit ce qu'est l'*Union chrétienne des ateliers de femmes*. Quant à l'*Aiguille*, c'est un syndicat mixte de patronnes et d'ouvrières, se rattachant toutes, comme le nom l'indique, aux professions qui supposent le maniement de l'aiguille. Ce syndicat est administré, suivant la formule, par un Conseil qui se compose par parties égales de patronnes, d'employées et d'ouvrières. Je ne voudrais pas, à propos d'une institution excellente, rappeler ici ce que j'ai déjà écrit ailleurs à propos des syndicats mixtes, et mettre de nouveau en lumière ce qu'il y a, suivant moi, du moins d'un peu chimérique dans la conception même du syndicat

1. Le *Foyer de l'Ouvrière* abrite aussi un certain nombre de jeunes filles, une dizaine environ.

mixte, et de tout à fait factice dans cette apparente égalité, que les statuts établissent entre patronnes, employées et ouvrières. J'aime mieux dire qu'en fait le *Syndicat de l'Aiguille*, dont quelques représentants des maisons de couture les plus importantes de Paris ont accepté de faire partie, a exercé dans ce monde spécial une très heureuse influence; qu'il a rappelé beaucoup de patrons et de patronnes au sentiment de leurs devoirs vis-à-vis du personnel qu'ils employent, enfin qu'il a pris d'heureuses et intelligentes initiatives, entre autres celles d'un bureau de placement et d'une caisse de loyers, dont seules les ouvrières affiliées au Syndicat ont droit de réclamer le concours [1].

Les trois maisons fondées par l'*Union chrétienne des ateliers de Femmes* et par

1. D'après des informations que j'ai lieu de croire exactes, les ouvrières de l'aiguille affiliées au Syndicat seraient d'environ douze cents. Mais le nombre de celles qui paient régulièrement la modeste cotisation d'un franc par mois exigée d'elles ne dépasserait guère six cents.

l'Aiguille sont situées : rue de l'Université, 129; rue Boissy-d'Anglas, 35 (cité du Retiro); rue d'Angoulême, 91. Elles présentent toutes les trois ce caractère commun d'être sous une direction laïque par l'habit, religieuse par l'esprit. « La messe du Dimanche est obligatoire », dit le règlement de l'une de ces maisons. Les jeunes filles y sont reçues moyennant un prix uniforme de cinquante francs par mois qui comprend le logement et la nourriture.

Pour dire la vérité, ces maisons ne sont pas tout à fait ce qu'il faudrait. Elles sont un peu exiguës, et le désir de recevoir le plus grand nombre possible de pensionnaires fait qu'elles y sont un peu entassées. La maison de la cité du Retiro en hospitalise quatorze dans deux pièces assez basses de plafond. Il n'y a pas de salle à manger, et les jeunes filles mangent à la cuisine. Mais du moins ces jeunes filles ont l'avantage d'être logées près de leur ouvrage.

Beaucoup plus satisfaisante est la maison

de la rue d'Angoulême, installée dans un ancien petit hôtel, où il y a de l'air, de l'espace et qui partage un grand jardin avec un patronage du quartier. Mais cette maison est située sur les pentes de Charonne, et il y a loin de là au quartier de la rue de la Paix. Je serai donc d'accord avec les directrices mêmes de ces maisons en disant qu'aucune ne répond à l'idéal d'une maison de famille.

Il n'en est pas de même de celle que la Communauté de Marie Auxiliatrice a créée 25, rue de Maubeuge. Toutes les œuvres de cette Communauté sont inspirées par la pensée de venir en aide aux jeunes filles de la classe ouvrière, et se sont engendrées les unes les autres. La première a été une Société de Secours mutuels dont je reparlerai dans une autre partie de ce volume. Le recrutement de cette Société a démontré la fréquence des maladies de poitrine dans la jeunesse ouvrière. De là, la création, à Villepinte, d'un hôpital pour les jeunes poitrinaires qui est aujourd'hui devenu célèbre.

Mais l'expérience a démontré également que la question du logement, pour l'ouvrière isolée, était souvent une question vitale d'où pouvait résulter le salut ou la perte. De là, la Maison de famille.

Celle de la rue de Maubeuge peut aujourd'hui héberger quatre-vingts ouvrières, soixante en dortoir, vingt en chambres particulières. L'expérience a fait voir en effet que plus d'une jeune fille, ne demandant qu'à bien vivre, répugnait cependant, par un sentiment bien naturel, à cette promiscuité et à cette discipline du dortoir qui rappelle un peu trop l'orphelinat. Il est si agréable d'avoir un petit chez soi, et de passer seule dans sa chambre les quelques heures qu'on peut avoir de libres le soir ou le dimanche. Les Sœurs de Marie Auxiliatrice, fort intelligentes de ce qui se passe dans ces jeunes têtes, l'ont bien compris. Aussi ont-elles aménagé assez récemment, dans un bâtiment spécial, vingt petites chambres garnies, gaies et proprettes. Pour que ces chambres, situées toutes à la file dans un même corridor, n'eussent pas un air de cellule, elles ont eu soin de les garnir d'un papier différent. Il y en a une bleue qui fait fureur, et que les pensionnaires se disputent. Peu à peu, elles meublent ces chambres à leur gré. Des petits cadres à photographies garnissent la commode. Des gravures sentimentales ornent les murs. Quelques fleurs s'épanouissent dans un petit vase. On sent que la chambre est aimée par celle qui l'habite. Les pensionnaires les plus sédentaires, celles qui ne demandent jamais à sortir le soir, ou qui ne vont jamais se promener le dimanche, sont les habitantes de ces chambrettes. Elles sont si heureuses d'avoir un *chez elle*, qu'elles n'en bougent pas. La bienfaisante influence du foyer se fait déjà sentir.

Toutes ne peuvent pas cependant avoir une chambre. On n'a pas pu en ouvrir assez. Le nombre des demandes est si grand que si, demain, quelque généreuse donation permettait aux Sœurs de Marie Auxiliatrice, comme elles en auraient le désir, d'élever un nouveau bâtiment sur un terrain qui leur appartient, toutes les chambres seraient louées par avance, avant que le bâtiment fût terminé. Mais de plus, pour un grand nombre, le prix de la pension est trop cher. Soixante francs par mois. Combien cependant ce chiffre paraît peu élevé quand on songe qu'il comprend non seulement le loyer de la chambre, mais la nourriture quotidienne, à raison de trois repas par jour : un petit déjeuner le matin, un déjeuner solide à midi, un souper le soir. Celles qui travaillent trop loin de la Maison de famille pour venir y prendre le repas de midi, emportent leur déjeuner avec elle. La nourriture est la même pour celles à qui l'exiguïté de leur salaire ne permet pas de s'offrir le luxe d'une chambre, et qui sont obligées de se contenter d'un lit dans un dortoir. Pour celles-là le prix de pension est de quarante-cinq francs, tout compris. On peut penser qu'à ce taux, la communauté ne fait pas ses frais et qu'elle y met du sien.

Le régime de cette Maison de famille est suffisamment large, et n'a rien de trop claustral. Les Sœurs de Marie Auxiliatrice, très habituées à mener ces jeunes filles du peuple, n'ont pas ces ignorances et ces effarouchements de certaines bonnes Sœurs, peu au courant des habitudes de l'ouvrière à Paris, ignorantes de ses mœurs, de ses façons d'être, et qui croient une jeune fille perdue parce qu'elle porte des frisons.

Le règlement de la maison n'est cependant pas aussi large que celui d'une maison semblable (située aux États-Unis, il est vrai) que j'ai sous les yeux et où l'on fait des conférences aux jeunes filles sur des sujets comme celui-ci : *Comment se procurer un mari*. En pareille matière, je ne crois pas beaucoup à l'utilité des conférences, et j'aurais plus de confiance dans un autre article du règlement de la même maison qui porte : *Jeunes gens admis au parloir jus-*

qu'à dix heures du soir. Rue de Maubeuge, les jeunes gens, ne sont point, comme tels, admis librement au parloir. Mais ils n'en sont pas non plus systématiquement exclus. Il y a quelques années, j'y avais fait admettre une jeune fille alsacienne qui allait se marier. Comme je sollicitais pour son fiancé la permission de venir la voir : « Pourquoi pas? monsieur, me répondit gaiement la Supérieure. Le mariage est un Sacrement. » Il n'y eut qu'un malheur : ce fut que le fiancé ne vint pas.

Puisque j'ai parlé des différents types de maison de famille, je me reprocherais de ne pas mentionner celle qui a été récemment ouverte, 7, rue du Parc-Royal, dans le quartier bien choisi du Marais. Cette maison fait partie d'un ensemble d'œuvres destinées aux jeunes filles et groupées sous le nom heureux de : *Cercle Amicitia.*

La fondation en est due à une bienfaisance qui a voulu demeurer inconnue. Cette maison a été placée sous une influence protestante, mais qui s'est engagée à observer une stricte neutralité confessionnelle, et qui tient son engagement. Aussi la maison de famille est-elle presque exclusivement habitée par des catholiques qui sont laissées parfaitement libres dans leur foi. Mais ces pensionnaires du *Cercle Amicitia* ne sont point des ouvrières. Le prix élevé des chambres ne leur en permet pas l'accès : 470 francs par an au premier, 360 francs au second, 300 francs au troisième. Pas une ouvrière ne peut mettre si cher à son loyer. Aussi la maison n'a-t-elle pas été faite pour elles, mais pour les demoiselles de magasin [1], les employées, voire même les étudiantes. Ceci n'est point une critique. Il faut des maisons de famille pour toutes les jeunes filles isolées.

L'installation intérieure de la maison répond à cette destination. On pourrait

1. Il existe également, rue de Vaugirard, une maison de famille spéciale pour les employées de magasin qui a été fondée par l'Aossciation des Demoiselles de commerce, Société de Secours mutuels, très ancienne et très florissante.

même lui reprocher un certain luxe. Les salons du Cercle qui donnent sur un joli jardin français ne dépareraient pas un casino de bains de mer. Le mobilier des chambres est à l'avenant. Chacune contient une armoire à glace. La bienfaisance anonyme (pour ne pas me servir d'un autre mot) a su par une personne très au courant des fantaisies de ces jeunes filles, que le rêve de toute ouvrière était d'avoir une armoire à glace, et que souvent elles s'endettaient pour en acheter une. Par une pensée ingénieuse et touchante devant laquelle il n'y avait qu'à s'incliner, les ouvrières qui pourraient se loger au *Cercle Amicitia* verraient ce rêve réalisé. Malheureusement il n'y en aura pas, mais je n'ai pas voulu manquer à signaler le *Cercle Amicitia* comme un spécimen à visiter d'installation bien entendue et d'administration intelligente.

Cette institution des Maisons de famille s'est donc depuis quelques années répandue et développée dans Paris avec une rapidité qu'on ne saurait trop encourager, car il n'y a pas d'institution plus utile. Mais plusieurs progrès sont encore à réaliser. Il faudrait d'abord que ces œuvres ne s'ignorassent pas les unes les autres, comme cela est trop souvent le cas, et que, même administrées par des associations différentes, elles entretinssent des rapports réguliers, de telle sorte que, suivant les nécessités de son travail, une jeune fille pût se transporter d'un quartier à l'autre, et que la maison de famille qu'elle quitte pût toujours lui indiquer celle où elle sera reçue. Sans doute l'*Office central des Institutions de bienfaisance* peut servir d'intermédiaire entre ces maisons, mais il vaudrait mieux qu'elles soient unies entre elles par un lien spécial. A Londres, il existe une œuvre appelée *London Club Union*, qui entretient trente-six clubs pour jeunes filles. Appelons, si vous le voulez bien, ces *clubs* « cercles » ou tout simplement patronages. A Paris nous en avons eu bien davantage. La *Société de Patronage*, dont le siège est rue Oudinot, en groupe quatre-vingt seize. Mais ce sont presque tous des patronages externes où les jeunes filles ne viennent que le dimanche. Il faudrait qu'un même lien unît les Maisons de famille.

Un autre progrès serait à réaliser dans le règlement de ces maisons, surtout de celles qui sont ou seraient dans l'avenir tenues par des Sœurs : c'est de retarder l'heure de la rentrée obligatoire. Beaucoup de couturières et de modistes sont, par leur profession même, souvent obligées à la veillée. Ces soirs de veillée, elles ne peuvent rentrer qu'après onze heures. Or, dans les maisons tenues par des Sœurs, la porte est rigoureusement fermée à neuf heures. Seule la maison de la rue Maubeuge admet la rentrée à dix heures. Encore n'est-ce pas sans peine que cette concession a été arrachée. Il faudrait absolument, dans ces maisons, faire fléchir l'inflexibilité de la règle monastique devant les nécessités de la vie ouvrière, et, les soirs de veillée, permettre la rentrée entre onze heures et minuit. C'est une condition indispensable pour que ces maisons salutaires ne demeurent pas fermées à un grand nombre d'ouvrières.

J'irais plus loin et je voudrais que cette permission de onze heures fût accordée, non seulement aux veilleuses, mais à celles qui la demanderaient pour un motif raisonnable. Rien n'est plus légitime chez une jeune fille qui a travaillé onze heures dans un atelier surchauffé que le désir d'aller passer une soirée chez quelque parent, ou même de se promener le soir à la fraîche. Je citerai sur ce point, comme modèle, le règlement où plutôt les usages du *Cercle Amicitia*, où l'heure régulière de rentrée est fixée à dix heures, et où la directrice accorde facilement la permission de onze heures, même pour aller au théâtre. Je ne demanderai pas aux bonnes Sœurs d'aller aussi loin, car le théâtre, pour la jeune fille du peuple, n'est pas sans inconvénients. Il est rare qu'elle y aille seule. Mais, d'une façon générale, il ne faut pas que le régime de la maison de famille soit trop claustral, et impose à des jeunes filles qui font déjà en partie le sacrifice de leur liberté les obligations extérieures de la vie de couvent. Un peu de largeur! Un peu de largeur!

Enfin un dernier progrès est à réaliser, celui-là le plus important de tous : il faut augmenter le nombre de ces maisons. Je ne saurais donner le chiffre exact des lits qu'Œuvres de bonne garde et Maisons de famille réunies peuvent mettre à la disposition des jeunes filles. Mais ce chiffre n'atteint certainement pas trois cents. Qu'est-ce que cela pour les trois cent mille ouvrières de l'aiguille. Or cette augmentation est impossible sans un vigoureux effort de la charité.

Les maisons de famille sont, en effet, au point de vue économique, dans la même situation que les restaurants d'ouvrières. Le prix qu'elles peuvent exiger de leurs pensionnaires, cinquante francs au maximum, ne peut couvrir que les frais de nourriture et quelques menus frais d'entretien. Toutes les autres dépenses, loyer et frais généraux doivent être supportés par ce que j'appellerai des ressources extérieures. Il en est ainsi en particulier du loyer, éminemment variable selon les quartiers. La maison de la cité du Retiro paye un loyer de deux mille francs; celle de la rue d'Angoulême un loyer de six mille francs. La maison de famille de la rue de Maubeuge, où il y a un grand jardin, représente bien un loyer d'une dizaine de mille francs. Comment veut-on couvrir de pareilles dépenses avec la pension des ouvrières. Il faut de toute nécessité que ces dépenses soient portées au compte *charité*. C'est là une rubrique qui reviendra souvent au cours de ces études, et un compte qui, en matière d'œuvres féminines comme de bien d'autres, doit demeurer toujours ouvert.

LA MORTE-SAISON

I

LE MAL

La morte-saison ! Connaissez-vous rien de mélancolique comme l'association de ces deux mots, surtout quand on songe que la morte-saison, comme on dit dans la langue commerciale, est précisément celle où la nature se revêt de toutes ses parures, la saison des journées resplendissantes et des tièdes soirées, l'été en un mot ? Mais c'est aussi la saison où la vie fébrile de notre civilisation se ralentit, où les ressorts de l'activité humaine se détendent, où l'agglomération factice des grandes villes se disperse, ce qui, par une conséquence forcée, amène dans beaucoup d'industries la suspension du travail.

Pour nous, gens du monde, la morte-saison, ce n'est que le moment où les salons et les théâtres se ferment, où Paris se vide, où l'on va se reposer aux eaux, aux bains de mer, à la campagne, et y chercher d'autres amusements. Mais pour beaucoup de nos semblables, qu'après tout notre luxe et nos plaisirs font vivre, c'est la saison des privations, des angoisses, de la faim, c'est la saison de la mort.

Comme il n'y a rien dont j'aie horreur autant que de la déclamation, je tiens à justifier ce triste jeu de mots en citant textuellement une lettre qui m'a été communiquée, il y a quelque temps, et dont je n'ai jamais perdu le souvenir. Cette lettre était adressée par une couturière à un ecclésiastique qui lui donnait à repriser, pendant la morte-saison, ses soutanes et celles de quelques-uns de ses confrères :

« Père, dites à ce méchant frère de ne pas tant me presser pour vos soutanes. Il ne sait pas que je couds dans mon lit avec un vésicatoire sur le dos et l'autre sur la poitrine, de sorte que je ne puis même pas mettre votre peau de chat. Mais ça va mieux, et je rattraperai le temps perdu. Bénissez-moi. »

Devinant une affreuse détresse, l'ecclésiastique se rendit le lendemain chez la couturière : il la trouva morte dans son lit. Celles qui meurent ainsi sont légion. Je vais donc parler de choses tristes, mais peut-être faut-il parfois penser à ces choses.

La morte-saison, bien qu'étant un mal assez général, ne sévit pas également sur toutes les industries. Elle atteint plus particulièrement l'industrie du vêtement, et surtout celle du vêtement féminin, par cette raison bien simple qu'une fois les ajustements d'été terminés, les nouvelles commandes se font attendre jusqu'à l'automne. La morte-saison dure environ quatre mois : moitié de juin, juillet, août, moitié de septembre. Puis une fois les vêtements d'automne et d'hiver terminés, elle recommence à la fin de décembre pendant une seconde période plus ou moins longue, jusqu'à ce que le besoin des toilettes de soirées ranime le travail dans les ateliers.

Un événement heureux peut parfois la raccourcir. L'année de la visite du Tsar, elle ne s'est presque pas fait sentir. L'année prochaine, à cause de l'Exposition, il est probable qu'elle sera courte. Au contraire la stagnation générale des affaires, un hiver triste et sans fêtes la prolongent indéfiniment. Les existences d'en bas sont solidaires de celles d'en haut. Ce qui atteint les unes n'épargne pas les autres, et Bastiat, dont une certaine école a grand tort de se moquer, a prononcé une parole profonde lorsqu'il a parlé de l'harmonie des intérêts.

L'industrie du vêtement emploie des couturières, des lingères, des brodeuses, des modistes, des fleuristes, des plumassières, etc., c'est-à-dire près des trois quarts de la population ouvrière féminine de Paris. Toutes ces professions souffrent plus ou moins de la morte-saison. Aussi la morte-saison est-elle la terreur des ouvrières. Par cette terreur s'explique la préférence que beaucoup d'entre elles, quand il leur faut faire choix d'une profession, témoignent pour une *place*. Elles entendent par là une situation rétribuée à l'année, même avec un modique salaire. On ne gagne pas grand'chose à trier des coupons ou à compter des titres dans une grande société financière ou dans une Compagnie de chemins de fer, voire à être télégraphiste ou téléphoniste dans les bureaux de la rue de Grenelle ou de la rue Jean-Jacques-Rousseau. Cela ne va pas à quatre francs par jour. Dans la mode ou dans les fleurs, on peut toucher de bien plus beaux salaires. Mais, en revanche, on a du travail tout le long de de l'année, sans compter, pour les demoiselles du téléphone et du télégraphe, l'honneur de se sentir un peu fonctionnaires. Aussi ces places sont-elles fort enviées, et on n'y peut même pas aspirer si l'on n'a pas des protections. Quant aux ouvrières ordinaires, qui vivent exclusivement du travail de leurs dix doigts, il leur faut, pour la plupart, prévoir environ quatre mois de travail réduit ou de chômage absolu. Pendant ces longs mois, comment font-elles pour vivre, ou plutôt, comme il faut manger tous les jours même quand on ne travaille pas tous les jours, comment font-elles pour ne pas mourir ? C'est ce que nous allons voir.

C'est toujours une entreprise assez difficile de se rendre un compte exact des conditions d'existence auxquelles sont condamnés ceux et celles dont nous sépare l'inégalité de la fortune. Dans notre siècle d'égalité théorique, la distance réelle est si grande de la femme du monde à l'*apprêteuse* qui prépare son corsage, ou à la *jupière* qui, agenouillée devant elle, ajuste le bas de sa robe, si rares les moments de contact ! Une demi-heure d'essayage et c'est fini. Comment l'une saurait-elle de quoi vit l'autre? A plus forte raison en est-il ainsi quand l'occasion de ces contacts passagers ne se rencontre même pas. Il faut alors s'en rapporter aux indications souvent trompeuses des rapports officiels et des statistiques. Sur cette question spéciale du chômage, j'ai essayé de faire mieux et d'interroger directement les intéressées.

La *première* d'un des plus grands magasins de couture de Paris m'a honoré de sa visite, ainsi qu'une couturière qui a commencé par être ouvrière et qui, m'a-t-elle dit, « a souffert tout ce qu'on peut souffrir au monde ». J'ai causé avec une petite patronne que la morte-saison forçait à renvoyer tout son personnel, ainsi qu'avec une ouvrière en chômage. Des lettres qui ne m'étaient point destinées ont passé sous mes yeux. A ces sources diverses j'ai puisé les mêmes renseignements, et ce que je pourrai dire aura au moins le mérite de l'exactitude.

Comme c'est toujours à une question d'équilibre entre les recettes et les dépenses qu'il faut en arriver, je prendrai comme type un budget dressé à ma demande par une ouvrière en couture. Voici, scrupuleusement copié, ce budget par mois : Nourriture (pour le moins), 60 francs; chambre, 9 francs; blanchissage, entretien, frais de toilette, 12 francs; soit 81 francs de dépenses mensuelles [1]. Mais c'est un budget de stoïque, car celle qui l'a dressé ajoutait : « Après s'être privée de tout, lectures, promenades, théâtres, etc. » S'être privée de tout à Paris, pendant toute l'année, à vingt ans !

Mettons maintenant en regard les recettes : 4 francs par jour, les dimanches et jours de fête non compris, soit 100 francs par mois en moyenne. Tant que le travail dure, c'est-à-dire pendant huit mois, la couturière en question peut donc mettre de côté 19 francs par mois et aborder la morte-saison avec 152 francs d'économies. Mais si pendant les

1. Les chiffres de ce budget sont un peu supérieurs à ceux que j'ai donnés dans l'étude précédente. Mais il s'agit ici d'une ouvrière employée dans un grand magasin de la rue de la Paix.

quatre mois de morte-saison elle ne gagne rien et continue de dépenser 81 francs par mois (324 francs pour les quatre mois), les 152 francs d'économies sont vites mangés, et elle termine son année avec 200 francs et plus de dettes.

Voilà donc le problème nettement posé et par une personne qui le connaît, puisqu'elle doit le résoudre tous les ans. Il se pose d'une façon plus aiguë encore pour celles, et elles sont nombreuses, qui ne gagnent pas, comme nous l'avons déjà vu, quatre francs par jour. Beaucoup ne dépassent pas trois francs cinquante. Les commençantes, les *petites mains* ainsi qu'on les appelle, sont à trois francs. Un grand nombre d'ouvrières arrivent donc à la veille de la morte-saison n'ayant pu faire d'économies, quelques-unes (de celles-là je parlerai plus tard) ne l'ayant pas voulu. Comment s'en tirent-elles ? Il n'y a que deux moyens : ou gagner quelque chose pendant la morte-saison ou dépenser moins.

Disons tout de suite que les quatre mois de morte-saison ne représentent pas nécessairement la suspension absolue de tout gain. Les grands ateliers de couture ne ferment jamais complètement. Sans parler des ouvrières les plus adroites qu'ils gardent toujours de peur qu'elles n'aillent mettre au service d'une maison concurrente l'agilité de leurs doigts et la fécondité de leur imagination, il leur faut toujours en conserver un certain nombre pour faire face aux commandes imprévues. Si *Madame* ou *Monsieur* (car il faut maintenant compter avec *Monsieur*) ont souci de la condition de leurs ouvrières, et donnent en ce sens des instructions à la *première*, si celle-ci veut bien s'y prêter, car seule elle peut entrer dans ces détails, elle répartira le travail de façon à ne renvoyer personne. Elle mettra tout le monde en demi-journée, ce qui assure un gain de deux francs par jour, c'est-à-dire au moins la nourriture. Si même, en procédant ainsi, elle ne peut donner du travail à toutes et s'il faut en renvoyer quelques-unes, elle aura soin de ne mettre en vacances (c'est ainsi que cela s'appelle) que celles qui ont une famille pouvant les recevoir, et elle gardera, au contraire, les plus intéressantes, celles qui sont isolées ou qui ont des charges. Il y a encore d'autres atténuations au chômage qui sont possibles et qui dépendent exclusivement des patronnes. Quelques-unes font faire pendant la morte-saison leurs propres toilettes et celles de leurs enfants par leurs ouvrières. D'autres ferment les yeux quand celles-ci travaillent à l'atelier pour leur propre compte. D'une façon générale il y a certainement dans les maisons de couture et de modes plus de souci qu'autrefois du sort de ces pauvres filles. Tant mieux, il en est temps.

Il est rare cependant que pendant la morte-saison, ces maisons puissent conserver tout leur personnel. Cela est impossible surtout dans les petits ateliers qui emploient huit ou dix ouvrières, et où la patronne qui met elle-même la main à l'aiguille joint péniblement les deux bouts. Pour celles qui sont ainsi envoyées en vacances (tristes vacances!) tout n'est cependant pas perdu. Quelques-unes ont une petite clientèle de quartier qu'elles habillent, et qui est bien aise de profiter de leur prodigieuse adresse. Elles font les robes de leurs tantes, de leurs cousines, de leurs amies. Ainsi s'explique que, sauf dans la classe tout à fait populaire, toutes les toilettes des femmes se ressemblent à Paris, et que les femmes de la condition la plus modeste soient si bien habillées. Dans une des ces maisons de famille dont j'ai parlé, où des téléphonistes et des couturières habitent en commun, les couturières pendant la morte-saison habillent les téléphonistes. Quelques-unes changent de métier. Les fleuristes se font plumassières, les couturières lingères et elles travaillent à bas prix pour la confection.

Ce sont autant de petites ressources qui aident à passer ces quatre mois. En un mot, pour les industrieuses, pour les vaillantes, il y a manière de s'en tirer à peu près, à force de courage et d'ingéniosité. Mais toutes ne sont pas industrieuses ni vaillantes. Il y a les mal douées, les inertes. Il y a aussi les malchanceuses, et encore celles qui se croient telles et qui se découragent à la moindre difficulté. Celles-là ont bien rarement, quand arrive la morte-saison, quelque chose dans leur bourse. Le salaire fait totalement défaut. Que peuvent-elles faire? Une seule chose : se restreindre, et l'ère des privations commence.

Se restreindre sur quoi? Sur la toilette? La morte-saison étant aussi la belle saison, ce n'est pas le moment où l'ouvrière renouvelle sa garde-robe. Sur le loyer? Le propriétaire n'entend pas de cette oreille et à la fin du mois il faut toujours payer sa chambre. C'est tout au plus si on peut obtenir de lui qu'il attende un peu. Sur quoi, alors? Sur la nourriture, sur les deux francs par jour que l'ouvrière consacre à ses trois repas? Il le faut bien, puisqu'il n'y a pas moyen d'économiser sur un autre article. J'ai serré d'aussi près que j'ai pu, en en causant avec des ouvrières, cette douloureuse question de la nourriture, et je puis dire comment elles s'y prennent.

Elles essayent d'abord d'obtenir un peu de crédit du crémier chez qui elles achètent le lait de leur déjeuner du matin (le crémier joue un grand rôle dans la vie populaire) et du boulanger. Quant au traiteur, il n'y faut pas compter : cela n'est pas dans ses habitudes. Ces dettes ainsi contractées pèseront d'un lourd poids quand la saison recommencera et qu'il faudra s'acquitter. Elles le savent bien, mais cela vaut mieux que de ne pas manger à sa faim. Cependant, le crédit s'épuise vite. Le crémier et le boulanger se lassent de ne pas être payés. Il faut alors avoir recours aux moyens héroïques.

Le premier sacrifice que fait l'ouvrière est celui de son petit déjeuner du matin. Ce petit déjeuner représente au moins trois sous. Il se compose d'un bol de lait ou de café au lait, suivant les goûts, soit deux sous, et d'un petit pain, ou, pour les plus raffinées, d'une corne d'un sou. A cette dépense elle en ajoute souvent une autre qui n'est pas une dépense de nourriture, mais qui, à ses yeux, est presque inséparable du petit déjeuner : c'est un journal. Les journaux à un sou, avec leurs feuilletons et leurs suppléments illustrés en couleurs, exercent une grande fascination sur l'ouvrière parisienne. Les jours de supplément, elles se mettent à deux : l'une achète le journal, l'autre le supplément. Ainsi font-elles aussi parfois, le lendemain des bals, pour les grands journaux du matin, où elles trouvent des descriptions de toilettes qui les intéressent. En ce cas, elles se mettent à trois. Mais, pendant la morte-saison, il faut renoncer à ce luxe en même temps qu'au café au lait. Il est dur pour un estomac de vingt ans de rester jusqu'à midi sans manger. Il paraît cependant qu'on s'y fait.

Le moment qui devient pénible, c'est quand

il faut se restreindre sur le repas de midi. Elles commencent par sacrifier ce qui n'est pas indispensable : le café, dont elles sont très friandes ; le vin, dont, comme beaucoup de personnes, elles arrivent à se passer assez facilement. Ce qui est vraiment dur, c'est quand il faut aussi se passer de viande. Elles déjeunent alors avec deux sous de pain et des pommes de terre ou des haricots. Les farineux, c'est lourd, ça trompe la faim. Aux pommes de terre et aux haricots il faut même parfois renoncer, si la morte-saison se prolonge. Le déjeuner de midi finit par ne plus se composer que de pain. Pour un repas pareil, ce n'est pas la peine d'entrer chez le traiteur, où tout le monde verrait votre misère. On croque ses deux sous de pain sur un banc. Ici, de peur qu'on ne m'accuse d'exagérer, je cite cette lettre d'une ouvrière : « Le déjeuner de midi est souvent remplacé par une promenade dans un jardin quelconque en été, ou une station d'une demi-heure, lorsqu'il fait vilain temps, dans une église. J'en ai vu souvent au jardin des Tuileries, l'été dernier. » Quant au repas du soir, il est à l'avenant, encore du pain avec de la charcuterie, ou un ragout de pommes de terre dans lequel on met un peu de viande pour lui donner du goût. Quelques-unes en arrivent à vivre avec cinquante centimes par jour. D'autres, pour moins sentir la faim, restent au lit toute la journée. D'autres enfin, je cite encore : « moins fortes, écoutent le démon et tombent. Je crois que vous n'ignorez pas cela. Pour nous, petits outils des grands ateliers de Paris, ce sont des *secrets*. »

Les fortes supportent cette épreuve avec une vaillance admirable. Beaucoup mettent leur fierté à dissimuler leurs privations. Une jeune ouvrière prenait son repas du soir dans une maison de famille, et son déjeuner dans l'atelier où elle travaillait. L'atelier, n'employant plus ses ouvrières qu'à la demi-journée, avait supprimé le déjeuner. L'ouvrière n'en avait rien dit. Ce fut à sa pâleur et à son amaigrissement qu'on s'aperçut que, depuis deux semaines, elle ne faisait plus qu'un repas par jour. Une autre, dans un atelier dont les ouvrières apportaient leur déjeuner, arrivait avec un panier, comme les autres. Au bout de quelques jours on s'aperçut qu'il n'y avait jamais rien dans le panier. Dans un magasin du quartier de l'Opéra, vers la fin de la morte-saison, une jeune fille se présente pour demander du travail. « Nous n'en avons pas pour l'instant, » lui répond-on. Comme elle sortait sans rien dire, on s'aperçoit qu'elle chancelle. On la fait asseoir; on la presse de questions. Elle finit par avouer qu'elle a faim. Bonne femme, la patronne lui donne quelque chose pour aller déjeuner. Enhardie par la compassion dont elle est l'objet, la jeune fille finit par dire en rougissant : « Madame, il y a si longtemps que je n'ai changé de chemise! Est-ce que vous n'en avez pas une mauvaise que vous pourriez me passer? »

Avec quelque courage qu'elles soient supportées, ces privations prolongées n'en ont pas moins sur la santé des jeunes ouvrières une désastreuse influence. Elles s'anémient faute de nourriture, et en arrivent peu à peu à cet état de misère physiologique, pour parler comme les médecins, où les guette un mal implacable, la phtisie. Qu'elles attrapent un rhume, elles sont perdues.

Aux épreuves du corps se joignent encore les épreuves de l'âme. La morte-saison est l'heure des tristesses, des découragements, des amertumes. On a toujours été une brave fille. On ne demanderait pas mieux que de travailler. Pourquoi est-ce qu'on souffre comme cela? C'est aussi l'heure du désœuvrement, presque du vagabondage, où l'oreille est le plus ouverte aux mauvais conseils et à la séduction. Mais c'est aussi l'heure où il est le plus facile de les atteindre, d'acquérir sur elles quelque influence en leur témoignant une sollicitude à laquelle elles ne sont point accoutumées, et, peu à peu, de les attirer et de les rassembler à l'église, puisque l'atelier les rejette.

Ceux-là le savent bien qui, par vocation, sont toujours à l'affût du bien qu'on peut faire aux âmes. Ces jeunes filles ont presque toutes reçu l'éducation religieuse. Elles ont fait leur première communion. Quelques-unes ont été *Enfants de Marie*, et les esprits forts que ce nom fait sourire ne savent probablement pas à quel degré ces simples associations contribuent à fortifier chez les jeunes filles ce que les bonnes Sœurs appellent : *la vertu de pureté.* Puis ces pieuses habitudes se sont un peu envolées au souffle de la vie. Les plus intelligentes, les meilleures savent ce qu'elles ont perdu. Je cite encore, pour la dernière fois : « Lorsque je jette un regard sur l'année déjà passée, j'ai comme le cœur serré. Si je n'étais pas profondément pieuse, je vivais de l'espoir de l'être un jour. Puis la roue du temps a tourné bien vite, emportant ma foi, mes espérances, me laissant en revanche le cœur vide, le même dégoût du monde et le regret de cette foi envolée, peut-être pour longtemps. Pleurer devient banal. Prier, je ne sais plus, et cependant je donnerais tout ce que j'ai de plus cher au monde pour reconquérir cette foi partie, ou plutôt, pour faire le premier pas qui me coûte le plus. »

C'est ce premier pas que s'applique à leur faciliter un religieux qui, depuis quelques années, s'est adonné avec une merveilleuse souplesse d'aptitudes à étudier et à améliorer la condition des ouvrières de l'aiguille. Pendant ces mois d'été il organise pour elles, de préférence aux environs de Paris, des retraites spirituelles qui, à tous les points de vue, leur sont salutaires. « C'est, m'écrivait-il récemment, un repos pour leur pauvre corps usé, pour leurs yeux brûlés par les étoffes et la lumière, et que le vert repose. Et puis la campagne! Vous ai-je dit qu'une de dix-neuf ans n'avait jamais été ni en bateau ni en chemin de fer? » Ces retraites sont aussi l'occasion de leur glisser quelques

6.

bons conseils pratiques qui, s'ils étaient suivis, préviendraient ou adouciraient les effets du chômage. Mais ceci m'amène à la question des remèdes. Ce ne serait pas la peine, en effet, d'avoir peut-être attristé mes lecteurs et lectrices s'il n'y avait rien de consolant à leur dire. Des remèdes il y en a. Pas aussi efficaces qu'on le souhaiterait, mais cependant il y en a. Nous allons en parler.

II

LES REMÈDES

Les remèdes sont de trois sortes : ceux qui dépendent des ouvrières elles-mêmes; ceux qui dépendent des patrons et patronnes, enfin ceux qui dépendent de la charité.

Commençons par ceux qui dépendent des ouvrières. Ce sera le chapitre le plus court.

« Celui qui ne sait pas faire la part du coulage est indigne de dresser le budget d'une petite bourse », a écrit Jules Simon, et sa philosophique indulgence avait raison. Il est très dur en effet de prêcher à des êtres jeunes, qui vivent au milieu des tentations de toute sorte, les privations volontaires et l'austérité. Ceci dit, il faut reconnaître que le coulage n'est que trop dans les habitudes de l'ouvrière parisienne.

D'après les renseignements qui m'ont été fournis, j'ai fixé à quatre francs par jour le salaire moyen de la couturière et de la modiste des grandes maisons, ouvrières un peu privilégiées. Mais il y en a qui gagnent davantage. Les salaires de cinq francs ne sont pas rares dans ces deux industries et dans celles des fleurs. Or, sur un salaire de cinq francs, une femme peut économiser en vue de la morte-saison. Elle le peut même sur un salaire de quatre francs, puisqu'il y a beaucoup d'ouvrières à trois francs cinquante et trois francs.

Combien le font? Combien, comme dit la fable, sont les fourmis? Pas nombreuses, je le crains. Plus ou moins nombreuses que les cigales? Je ne saurais le dire, mais ce qui m'a été assuré, c'est que les cigales se trouvent principalement parmi celles qui touchent les plus beaux salaires. Le fait même que l'argent qu'elles ont à leur disposition excède leurs besoins les pousse à satisfaire leurs fantaisies. Fantaisies de toilette d'abord. Les ajustements des femmes sont aujourd'hui à si bon marché, et c'est si tentant de s'acheter un joli collet ou un boa! Fantaisies de mobilier ensuite. Posséder une armoire à glace est le rêve de toute ouvrière en chambre. La moindre coûte cent vingt francs. Pour s'en procurer une, elles signent des billets dont l'échéance jette un grand trouble dans leurs petites affaires. Et puis, elles sont un peu sur leur bouche, et, parfois, mêlent à leur repas de midi un peu plus de friandises qu'il ne serait tout à fait nécessaire. Il y a encore les petits gâteaux qu'elles envoient acheter par l'apprentie pendant qu'elles sont à l'atelier, ou les boissons fraîches qu'elles consomment dans les cafés quand les soirées deviennent belles.

Il est, en un mot, très difficile de faire entrer la prévoyance dans ces jeunes têtes. On ne saurait trop s'y employer en la leur prêchant à tout propos et sous toutes les formes. Au dernier Congrès ecclésiastique de Reims, j'ai été heureux de voir qu'il était recommandé aux prêtres qui dirigent des associations d'*Enfants de Marie* de greffer sur ces associations une société de secours mutuels. Les sociétés de secours mutuels sont en effet la forme sous laquelle la prévoyance est la plus facile, à pratiquer et on ne saurait trop pousser les jeunes filles à y entrer ; mais les sociétés de secours mutuels n'assurent que contre la maladie ; elles n'assurent pas contre le chômage.

Je ne voudrais pas traiter superficiellement cette grosse question de l'assurance contre le chômage, qui a donné lieu dans ces dernières années à des études très approfondies. Je me bornerai à dire que l'assurance contre le chômage, difficile à organiser dans toutes les professions, est absolument impraticable dans celle de couturière, de modiste, et autres semblables [1].

En effet tous ceux qui ont étudié la quéstion sont d'accord pour reconnaître que si l'assurance peut garantir contre la conséquence du chômage accidentel l'ouvrier qui appartient à une profession où le chômage est l'exception, il n'en est pas de même lorsque la profession de l'assuré comporte un chômage annuel et régulier. Toutes les ressources de la caisse d'assurance y passeraient dès la première année. Or c'est précisément le cas pour toutes les professions qui se rattachent à l'industrie de l'aiguille. Ceux-là qui recommandent à la couturière de s'assurer contre le chômage lui donnent, j'ai regret à le dire, un conseil un peu superficiel.

L'épargne est donc le seul procédé qui soit à la disposition de l'ouvrière pour se

1. Consulter en particulier un article de M. Eugène Rostand sur la question du chômage, dans la *Réforme sociale* du 16 novembre 1894, et les documents rassemblés par l'Office du travail, en 1896.

prémunir elle même contre les horreurs de la morte-saison. Or, l'épargne ne lui est pas facile, à raison tant de l'exiguité de son salaire que des tentations de sa vie. On ne saurait trop multiplier les moyens de l'y encourager. C'est une excellente habitude, assez récemment introduite dans les distributions de prix, de décerner aux enfants des écoles ou des orphelinats, au lieu de livres médiocres qu'ils ne liront point, des livrets de caisse d'épargne. La possession d'un de ces livrets, fut-il de dix francs, rend à la jeune fille qui débute dans la vie un grand service, c'est de lui enseigner le chemin de la caisse d'épargne. La première fois qu'elle prendra ce chemin ce sera peut-être pour retirer quelque chose sur son livret, mais la seconde fois, ce sera pour y rajouter, car il est rare qu'ayant été une fois en possession d'un livret, elle laisse rayer son nom de la liste des déposantes.

La notion de l'épargne est-elle en progrès chez l'ouvrière de Paris, comme elle l'est assurément en France. Je voudrais le croire, sans en avoir l'assurance. Des renseignements assez positifs me donnent à penser que la prévoyance est davantage en honneur dans certains milieux de province, à Lyon par exemple. D'après un rapport que j'ai sous les yeux, sur 281 jeunes filles affiliées à une société de Secours mutuels fondée dans cette ville par les Sœurs de Marie Auxiliatrice, il y en a 40 qui ont un carnet d'épargne. Je ne voudrais pas révéler quelle est à Paris la proportion dans une société analogue que je connais. Je craindrais de faire du tort aux Parisiennes, par rapport aux Lyonnaises.

Il faut donc, par tous les moyens, encourager ces jeunes filles à l'épargne. Un des plus ingénieux est la création de ce qu'on appelle les *Caisses de loyers*. Comme je l'ai expliqué, la nécessité de faire face au paiement du terme est la grosse difficulté pour les ouvrières de l'aiguille, en temps de morte-saison. Celui d'octobre, qui arrive en pleine période de chômage, est particulièrement lourd. Pour y faire face, il est de toute nécessité que les ouvrières aient mis quelque chose de côté sur leurs gains du printemps. Dans la pensée de les y encourager, le *Syndicat de l'Aiguille* a récemment fondé une caisse de loyers qui reçoit hebdomadairement les versements faits par les ouvrières en vue du paiement de leur loyer, et leur sert un intérêt de vingt pour cent sur les sommes déposées. Cette combinaison a le double avantage d'accoutumer l'ouvrière à l'épargne hebdomadaire, c'est-à-dire à la mise en réserve de petites sommes (la seule forme d'épargne qui soit possible pour elle), et de stimuler sa bonne volonté par un profit matériel. On ne saurait trop multiplier ces utiles institutions.

Les remèdes qui dépendent des patrons et patronnes ne sont malheureusement pas très efficaces. J'ai dit tout à l'heure comment, dans les grandes maisons, une judicieuse distribution du travail opérée par la patronne ou la première peut diminuer pour ses ouvrières les souffrances qui naissent du chômage en les répartissant. Mais les petites patronnes, celles qui elles-mêmes mettent la main à la besogne, et emploient seulement quelques ouvrières, ne peuvent faire autrement que de les congédier toutes. Celles-là souvent ne sont pas moins à plaindre que leurs ouvrières, le poids de lourdes charges, sur lesquelles elles ne peuvent pas faire d'économies, continuant de peser sur elles, sans compter les difficultés où les jette l'insouciance de leurs riches clientes qui partent pour la campagne, sans avoir pensé à payer leur note. J'ai reçu à ce sujet, par lettres, de petites patronnes que je ne connaissais pas, des confidences navrantes, et si j'entamais cette question de la responsabilité des clientes dans les souffrances de l'ouvrière à l'aiguille, j'aurais tout un chapitre à écrire.

Dans l'industrie de la confection, les directeurs des grands magasins peuvent beaucoup. Une communication très intéressante a été faite à ce sujet en 1896, à la Société d'Économie sociale, par M. Honoré directeur des Grands Magasins du Louvre. Les directeurs des grands magasins peuvent beaucoup pour éviter aux ouvrières qu'ils font travailler tantôt le surmenage, et tantôt le chômage. Il serait à désirer que tous s'en préoccupassent autant que M. Honoré. D'une façon générale au reste, les ouvrières de la confection souffrent moins du chômage que celles de la couture et de la mode. Elles sont moins payées, mais travaillent plus continument.

Restent les remèdes de la charité. Je ne parle pas de l'assistance directement accordée à telle ou telle ouvrière sans ouvrage, et par conséquent sans salaire. L'aumône, dont il ne faut pas parler avec trop de mépris car elle est souvent pour les uns le devoir, pour les autres le salut, l'aumône n'est point un remède au chômage plus qu'à tout autre infortune. Il en est de même de certaines caisses de prêts gratuits auxquelles l'ouvrière peut avoir recours dans les moments difficiles de son existence. L'occasion reviendra au reste de parler de ces caisses à propos de la mutualité entre femmes. Comme remède directement opposé par la charité au chômage il n'y a lieu de signaler que les diverses œuvres qui s'efforcent de procurer aux ouvrières, pendant la morte-saison, un travail rémunérateur.

D'une façon générale, les œuvres d'assistance par le travail ont pris depuis quelques années un heureux développement. Dans un autre gros volume que j'ai également sur la conscience [1], j'ai traité de cette question au point de vue théorique, et je crois avoir démontré qu'aucune œuvre d'assistance par le travail, si bien administrée qu'elle soit, n'est viable si la charité ne supporte une partie des frais. Ce serait allonger inutilement cette étude que de revenir sur la démonstration, et, si je la rappelle, c'est à fin d'expliquer pourquoi je porte les œuvres d'assistance

1. *Socialisme et charité*, Calmann Lévy, édit. *L'Assistance par le travail.*

par le travail au compte de la charité. Je veux me borner à indiquer les principales œuvres qui se sont préoccupées de mettre en pratique, dans l'intérêt des ouvrières de l'aiguille, ce mode spécial d'assistance.

Il y a plusieurs années déjà que l'Union d'assistance par le travail du XVIe arrondissement, une des plus anciennes et des mieux administrées de Paris, emploie à des travaux d'aiguille les ouvrières sans travail de l'arrondissement. Elle leur fait confectionner, dans un ouvroir ou à domicile, des vêtements que lui achète ensuite la caisse des écoles. Cette heureuse entente, trop rarement établie entre l'administration municipale et une œuvre libre, produit les plus heureux effets. Une œuvre à peu près analogue fonctionne dans le XVIIe arrondissement, où les femmes sont employées principalement à la confection des sacs en papier.

Des ouvroirs pour les femmes sans travail ont été établis ces dernières années dans plusieurs quartiers de Paris. Le *Cercle*

Amicitia a également complété son ensemble d'œuvres féminines par un ouvroir. La maison de famille de la rue de l'Université en a fait autant. Celle-ci, par une heureuse innovation, remet aux personnes charitables, en échange d'une petite somme, un carnet de bons. Toute femme qui se présente porteuse d'un de ces bons a droit à deux repas dans la journée, à condition qu'elle ait travaillé dans l'atelier de neuf heures du matin à six heures du soir. Employée au pliage des journaux, elle a droit a une rémunération de cinq centimes par centaines pliées au-dessus du premier mille. Mais, comme il ne saurait être question ici d'entrer dans le détail de toutes ces œuvres, je m'en tiendrai à parler de l'œuvre des *Mères de famille* qui est la plus importante et la plus intéressante de toutes, à raison tant du grand nombre de femmes qu'elle emploie que de la personnalité de celles qui la dirigent.

Un psychologue, qui par hasard, se serait occupé d'œuvres de charité, pourrait écrire une série d'études très intéressantes sous ce titre : « *Profils de Sœurs* ». Il aurait à peindre la mystique qui, vivant dans un rêve perpétuel d'extase et d'amour, croit véritablement, dans les pauvres et les malades soigner les membres souffrants du corps de Jésus-Christ ; la maternelle qui, par une transformation des instincts de la nature, soigne les enfants qui lui sont confiés, les intelligents et les idiots, les bien portants et les malades avec la même passion qu'elle mettrait à soigner les siens ; la sereine qui, sentant que sa vie est en confirmité avec la volonté de Dieu, conserve dans le contact quotidien avec les pires misères l'enjouement d'un caractère naturellement gai ; enfin, type plus rare, mais que j'ai rencontré parfois aussi, la commerçante, j'entends par là celle qui, à la tête d'une grande maison de blanc ou de vermout, aurait été une admirable *patronne*, et qui fait profiter de sa capacité d'affaires la maison à la tête de laquelle elle se trouve placée.

Eh bien, la sœur qui est placée à la tête de l'œuvre dont je vais parler, et que le monde charitable de Paris connaît bien sous le nom de Sœur Saint-Antoine est une commerçante (ce qui ne l'empêche en aucune façon d'être une maternelle et une sereine), mais elle a le génie des affaires. Elle en a donné la preuve lorsqu'elle fut mise à la tête de l'*Hospitalité du travail des femmes* qui, vivant de travaux de couture, mouraient de faim naturellement, et lorsqu'elle l'a transformée en une blanchisserie qui fait une concurrence sérieuse aux blanchisseries du commerce. Chargée ensuite par l'*Office central des Institutions charitables* d'organiser l'assistance par le travail pour les hommes, elle a eu l'idée, au lieu de les employer à faire d'éternels petits fagots, de leur mettre la scie et le rabot en main, et, en huit jours, elle fait du premier malheureux venu un menuisier, presque un ébéniste.

Mais son idée géniale a été celle-ci : fournir à un certain nombre d'ouvrières de l'aiguille, mères de famille ou autres, car l'œuvre ne fait point de distinction, un travail rémunérateur en leur donnant à confectionner des objets de lingerie, chemises, draps, torchons, mouchoirs, qu'elle vend au prix du commerce, et en majorant leurs salaires de ce qui serait le bénéfice du patron, puisque l'œuvre ne cherche point à réaliser des bénéfices, mais simplement à joindre les deux bouts. C'est ainsi qu'elle peut payer six sous la confection d'un tablier que le commerce paie deux sous et demi, vingt-cinq sous l'ourlage d'une paire de draps que le commerce paie onze sous, seize sous l'ourlage d'une douzaine de torchons que le commerce paie dix sous. Elle a toujours en magasin une quantité considérable de matières à coudre, et, quand une ouvrière est victime d'un chômage accidentel ou de la morte-saison, elle est presque toujours sûre de trouver ainsi de l'ouvrage. Près de cinq mille ouvrières en ont ainsi obtenu depuis la création de l'œuvre, et on peut s'imaginer l'importance du service matériel qui leur a été ainsi rendu.

Quant au service moral, il est peut-être encore plus grand. En veut-on la preuve? Une brave femme avait eu sept enfants de son mari, ouvrier médiocre mais socialiste exalté. Au huitième, il l'avait plantée là, pour aller vivre avec une coureuse dont il avait déjà un enfant. Au bout de cinq ou six mois, à son tour planté là par la coureuse, il revenait assez penaud au logis avec ce petit neuvième, se demandant si les huit autres et la mère ne seraient pas morts de faim. A sa grande surprise, il trouva la famille dans la gêne assurément, mais vivant cependant avec un salaire de trois francs par jour que l'œuvre des *Mères de famille* lui avait assuré. La mère adopta immédiatement le petit bâtard, et quant au père, voici ce qu'il écrivait à la dame qui avait recommandé sa femme à la sœur Saint-Antoine : « Ma femme et mes enfants ont été sauvés par la charité, non pas par l'aumône, mais par le travail. Je vois que j'avais de mauvaises idées en tête, et j'ai adressé hier ma démission au Comité socialiste dont je faisais partie. »

L'œuvre fonctionne donc avec succès, mais non sans difficultés cependant. Ces difficultés sont de deux natures. Les unes tiennent à la nature même de l'œuvre, les autres à certaines circonstances particulières. Pour que l'œuvre joigne à peu près les deux bouts, même en portant les frais généraux au compte de l'*Hospitalité du travail* dont elle n'est qu'une annexe, il faut qu'elle parvienne à écouler les marchandises qu'elle fait confectionner. Sans cela, elle n'aurait qu'un passif représenté par les salaires des ouvrières, et point d'actif. Or l'écoulement des marchandises est nécessairement long et les recettes se font attendre. Il faut au contraire que les ouvrières soient payées sur-le-champ et même d'avance. Comment voulez-vous, en effet, quand une femme qui a mangé jusqu'à son dernier sou vient demander du travail, qu'on se borne à lui donner, par exemple, douze paires de draps à ourler, en lui disant de les rapporter dans huit jours. Avant que la première demi-douzaine soit achevée, elle sera morte de faim. Il faut bien lui donner en même temps un acompte. Au contraire, la rentrée des recettes est lente et difficile. De là, la nécessité d'un fond de roulement considérable, qu'au reste la charité lui a procuré par souscription, mais sans lequel elle n'aurait pu vivre.

Une autre difficulté tient à ce fait particulier que le siège de l'œuvre est 52, avenue de Versailles, à Auteuil. S'il faut qu'une femme vienne de Charonne, ou des Gobelins, chercher ou rapporter six douzaines de torchons à ourler, c'est une demi-journée de perdue. Prend-elle l'omnibus ? Une partie de son gain y passe. Il faut compter aussi avec celles qui sont malades et ne peuvent sortir de chez elle. Il y a quelques années la Sœur Saint-Antoine s'était intéressée à une ouvrière tuberculeuse qui travaillait dans son lit. Cette ouvrière avait un enfant. Une fois par semaine un commissionnaire allait chez elle lui porter des chemises à coudre, et il rapportait celles qu'elle avait cousues, qu'on faisait soigneusement passer par l'étuve à désinfection, comme au reste toutes les marchandises. Mais on ne peut pas avoir un commissionnaire par ouvrière, et la situation excentrique du siège de l'œuvre fait qu'elle peut difficilement exercer son action bienfaisante au delà d'un certain rayon.

Pour remédier à cette double difficulté deux choses apparaissent comme nécessaires. La première serait que l'œuvre eût un autre magasin de vente que celui qui est situé 52, rue des Saints-Pères. La rue n'est guère commerçante, et il faut une véritable bonne volonté pour aller s'approvisionner dans une boutique d'aussi modeste apparence. Ce second magasin devrait être situé non pas dans un quartier élégant (je n'aurais pas beaucoup de confiance dans la clientèle de ces quartiers qui s'adressera toujours de préférence aux *Montagnes Russes* ou à la

Grande Maison de blanc) mais dans une rue du Centre, entre les Halles et les Boulevards. Des prix réduits pourraient tenter la clientèle de ces quartiers.

Un remède à la seconde difficulté serait la création de deux ou trois dépôts dans Paris où les ouvrières viendraient chercher et rapporter l'ouvrage qui leur serait confié. Plusieurs personnes charitables ont déjà offert une pièce de leur appartement. Une voiture à un cheval ferait la navette entre les dépôts et le siège de l'Œuvre qui ne peut fonctionner d'une manière tout à fait efficace qu'à cette condition. Mais tout cela coûterait de l'argent, et il faudrait ici encore un sérieux effort de charité. Quelques milliers de francs envoyés à la Sœur Saint-Antoine recevraient d'elle un bien utile d'emploi.

Ayons cependant le courage de le dire. L'œuvre *des Mères de famille* peut offrir un secours aux ouvrières victimes d'un chômage accidentel. Elle ne peut pas venir en aide aux ouvrières victimes du chômage professionnel. Si toutes les ouvrières qui se trouvent sans travail au moment de la morte-saison venaient s'adresser à la Sœur Saint-Antoine, elle serait bientôt débordée et ne pourrait plus suffire aux demandes. C'est donc aux ouvrières elles-mêmes à se prémunir contre le chômage professionnel, en faisant quelques économies en vue de la morte-saison. Cela est très facile à leur dire. Cela leur est beaucoup plus difficile à faire, et le reconnais qu'il y a quelque ironie à prêcher l'économie à de pauvres filles qui ont tant de peine à joindre les deux bouts. Là est cependant la triste vérité, et celui qui a le courage de ne pas la leur dissimuler se montre pour elles un ami plus véritable que ceux qui les excitent par des déclamations contre les patronnes, ou qui entretiennent leurs illusions en leur promettant d'améliorer leur conditions par des mesures législatives sur la nature desquelles ils seraient en peine de s'expliquer bien clairement.

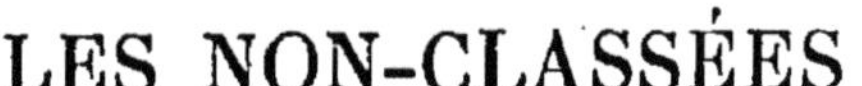

LES NON-CLASSÉES

I

LES NON-CLASSÉES

Personne n'a moins que moi le goût des néologismes. Exception faite pour les termes techniques, je tiens que notre vieille langue française est presque toujours assez souple et assez riche pour traduire toutes les idées modernes ou soi-disant telles. Et cependant je me vois en quelque sorte obligé de fabriquer une expression nouvelle : les *non-classées*, pour désigner clairement une catégorie de femmes que j'ai en vue. Celle de *déclassées*, qui est usuelle, non seulement ne rendrait pas ma pensée, mais dirait exactement le contraire.

On appelle communément des *déclassées* les femmes qui, nées dans une certaine condition sociale, n'ont pas su s'y maintenir, et qui sont tombées au-dessous du rang où les circonstances les avaient placées. J'appelle, au contraire, des *non-classées* les femmes, ou plutôt les jeunes filles, qui, nées dans un milieu populaire, ont fait effort pour s'élever au-dessus sans y avoir encore réussi, et qui oscillent, incertaines de leur avenir, entre la condition qu'elles ont quittée et celle qu'elles n'ont pu encore atteindre.

Le nombre des *non-classées* est grand dans notre société moderne. Il va s'accroissant chaque année, et cet accroissement provoque chez les moralistes des réflexions chagrines auxquelles, bien qu'étant parfois un peu chagrin moi-même, je ne saurais cependant m'associer sans réserve. Il m'est impossible, en effet, de savoir mauvais gré à un certain nombre de pauvres filles du sentiment qui les pousse à sortir des rangs du peuple où elles sont nées. Celles qui tentent cet effort sont en général des natures fines dont les sentiments délicats sont froissés par la rudesse et souvent la grossièreté du milieu où elles seraient naturellement appelées à vivre. Les meilleures, les plus raffinées, quand elles ont reçu une éducation chrétienne, sentent souvent s'éveiller en elles l'appel de la vocation religieuse. L'ouvrière pieuse, que M. René Bazin a peinte dans son beau roman : *De toute son âme*, est un type beaucoup plus réel que ne le croient ceux qui ne connaissent point ces milieux. Tout récemment j'en ai eu encore la preuve en lisant une lettre écrite par une chemisière qui avait travaillé quatre ans à Paris dans un grand atelier de confection. « Pour une jeune fille, disait cette lettre, ce n'est pas une existence que de rester toute seule. Il arrive un moment où elle se lasse de son isolement, et se livre à un terrible ennui.

L'état du mariage ne me présente aucun attrait. Mon désir est de suivre la vocation religieuse, n'ayant plus qu'une seule ambition : celle de me dévouer toute à Dieu et de faire du bien autour de moi. » Et elle est entrée au couvent.

Mais si la source des vocations religieuses est loin d'être tarie, malgré tout ce que l'éducation laïque a fait pour cela depuis vingt ans, le courant ne porte cependant pas de ce côté. Il entraîne plutôt celles qui ont quelque ambition et quelque instruction du côté des fonctions publiques, si l'on peut appeler ainsi les modestes situations d'institutrices communales, de receveuses des postes, de télégraphistes et de téléphonistes. Ou bien elles aspirent à un emploi dans les grandes sociétés financières et industrielles qui admettent des femmes dans leurs bureaux. Qu'elles réussissent, leur avenir est assuré ; mais qu'elles échouent, et elles se trouveront aux prises avec une misère pire encore que celles qu'elles auraient pu connaître, si elles n'eussent point aspiré à sortir de leur humble milieu.

Cherchons d'abord quelle chance elles ont de réussir.

Inutile de dire que le chiffre des *non-classées* est impossible à fixer, même approximativement. La statistique peut à la rigueur donner des indications plus ou moins précises sur la répartition des femmes entre les diverses professions auxquelles le plus généralement elles s'adonnent : couturières, lingères, modistes, etc. Il n'en saurait être de même pour les emplois qu'elles sollicitent. On ne peut arriver à se former une idée, même très approximative, du nombre de ces solliciteuses qu'en rassemblant de droite et de gauche des renseignements qui aient au moins le mérite de l'exactitude. C'est ce que je me suis efforcé de faire.

La principale fabrique de *non-classées*, c'est le Ministère de l'Instruction publique. Depuis que la nouvelle législation scolaire a rendu obligatoire la création d'un grand nombre de nouvelles écoles de filles, en même temps qu'elle proscrivait à l'avenir des écoles communales toutes les institutrices congréganistes, elle a ouvert devant l'ambition des jeunes filles élevées dans nos écoles primaires une carrière qu'au début elles ont pu croire illimitée. Elles s'y sont précipitées avec ardeur, et se sont ruées aux examens, persuadées que le brevet menait à tout et était un gagne-pain.

Je ne possède pas pour toute la France le chiffre des institutrices brevetées en attente d'emploi, mais j'ai pu me le procurer pour le département de la Seine.

A la fin de l'année 1898, le chiffre des demandes d'emploi dans une école du département de la Seine était si *énorme* (dit une note administrative qui m'a été obligeamment communiquée), qu'il a été nécessaire d'opérer une sélection. Seules ont été retenues les demandes faites ou renouvelées depuis le 1er janvier 1896, et les intéressées ont été invitées à se soumettre à une série de nouvelles épreuves permettant de les classer entre elles. Le résultat de cette sélection a été de ramener le chiffre des postulantes, au 1er octobre dernier, à 1014. Depuis le 1er janvier 1899 jusqu'à cette même date du 1er octobre, il a été pourvu à 193 emplois dans les écoles de filles et les écoles maternelles du département de la Seine. Ces privilégiées auront donc en moyenne (je ne parle pas de celles qui auront des protections puissantes) cinq ans à attendre pour être pourvues d'un emploi. Quant aux autres, à celles qui ont été éliminées définitivement, leur nombre dépassait *sept mille*. Ce sont elles qui forment le noyau principal du bataillon des *non-classées*. Que vont-elles devenir, ou plutôt, depuis plusieurs années qu'elles attendaient, que sont-elles déjà devenues ?

Immédiatement après le Ministère de l'Instruction publique, dans l'ordre de fabrication des *non-classées*, vient l'Administration des Postes et Télégraphes. Il y a longtemps que cette administration est hospitalière aux femmes, et leur confie des bureaux de poste. La génération de 1830, plus idéaliste que la nôtre, plaçait volontiers dans ces bureaux les premières scènes d'un roman. Ceux qui connaissent bien leur Sainte-Beuve se souviennent d'une délicate nouvelle, intitulée *Christel*, dont l'héroïne est une modeste receveuse. Aujourd'hui les portes de cette vieille administration leur sont ouvertes encore plus grandes, depuis qu'elle les admet à partager avec les hommes les emplois de télégraphistes, et qu'elle leur réserve presque exclusivement ceux de téléphonistes.

Notre génération, moins romanesque que la précédente, n'a jusqu'à présent prêté de rôle à la demoiselle du téléphone que sur la scène de nos petits théâtres, et il faut convenir que l'aspect de celles qu'on voit déboucher, sur les cinq heures, de la vaste porte de la rue de Grenelle ou de la rue du Louvre, est plus évaporé que sentimental. C'est que les receveuses des postes, souvent filles d'anciens officiers ou d'anciens fonctionnaires, constituent une aristocratie par comparaison avec les télégraphistes et surtout les téléphonistes, qui se recrutent davantage dans les milieux populaires. Aussi les demandes abondent-elles. Un chiffre, dont je crois pouvoir garantir l'exactitude, donnera une idée de l'ardeur des compétitions. Il y a quelque temps, un concours avait été ouvert. Le chiffre des admissions était par avance limité à deux cents. L'Administration des Postes n'en avait pas moins reçu près de cinq mille demandes d'admission au concours !

Le ministère des Finances emploie également une certaine quantité de femmes, une douzaine au Grand-Livre, un plus grand nombre au Timbre. Ici je n'ai pas de chiffres ; je n'ai pas, au surplus, la prétention de faire un dénombrement complet, mais seulement de donner quelques indications générales.

En plus de ces trois grandes administrations de l'Instruction publique, des Postes, et des Finances, il y a encore un certain nombre de sociétés industrielles ou financières qui emploient des femmes, les unes ayant un caractère quasi public, comme la Banque de France, les autres étant, au contraire, des sociétés privées, comme le Crédit lyonnais, la Société générale, le Comptoir d'escompte, et certaines compagnies de chemins de fer. Ces sociétés se sont aperçues que, pour compter des liasses de coupons au moment des échéances, ou pour additionner d'interminables colonnes de chiffres, les femmes n'avaient ni les doigts moins agiles, ni la plume moins exacte que les hommes. Dans une pensée d'économie, elles ont fait l'essai, depuis quelques années, d'en employer un certain nombre au service des titres, de la statistique ou du contrôle. L'essai paraît avoir très bien réussi, au moins dans certains établissements. « J'ai toujours été très frappé, m'écrivait naguère un des principaux administrateurs d'une grande société financière, de l'excellente tenue de notre personnel féminin, dont le recrutement est surveillé de très près. Certains services, comme celui de la garde des titres, lui sont exclusivement confiés, sous la direction d'un chef de service, et le fonctionnement de ces services, qui a subi l'épreuve du temps, ne laisse rien à désirer [1]. » Une nouvelle carrière s'est donc trouvée ouverte devant la légitime ambition des femmes, et elles ne s'y sont pas précipitées avec moins d'ardeur que dans celle de l'enseignement. Quelques chiffres que j'ai rassemblés paraîtront peut-être intéressants.

A la Banque de France, le chiffre s'élevait, il y a dix-huit mois, à plus de six mille. Une sélection, analogue à celle qui a été opérée au Ministère de l'Instruction publique, l'a ramené au-dessous de neuf cents. Mais ce

1. Je dois à la vérité de dire que, dans un autre établissement, on s'est plaint de l'insuffisance, de l'irrégularité et de l'irritabilité maladive du personnel féminin, dont la suppression par voie d'extinction a été récemment décidée. Mais ce fâcheux résultat paraît bien être une exception.

chiffre est déjà dépassé. Le nombre des nominations par an n'est guère que de vingt à vingt-cinq.

Au Crédit lyonnais, le nombre des demandes est d'environ sept à huit cents par an. Il est fait de quatre-vingts à cent nominations, soit environ une nomination pour huit demandes. Celles auxquelles il n'a pu être fait droit sont définitivement éliminées et ne sont pas admises à concourir l'année suivante, pour éviter l'accumulation des demandes.

A la Société générale, le nombre des postulantes représente une moyenne annuelle de deux cent quarante à deux cent cinquante. La moyenne des admissions est de soixante-quatre, soit une sur quatre. D'après cette proposition, le stock des demandes accumulées doit s'élever à un millier. Enfin il était récemment de quatre cent dix-sept au Comptoir d'escompte, bien que cet établissement emploie peu de femmes et n'en ait jamais nommé plus de vingt-cinq par an.

Il faut aussi tenir compte de ce fait que celles-là mêmes qui sont admises ne le sont pas, du premier coup, d'une façon définitive et pour toute l'année. Elles commencent par être employées comme auxiliaires, au moment des principales échéances, janvier, avril, juillet, octobre. C'est une manière de s'assurer de leurs aptitudes. « La durée de ces emplois temporaires, dit une note qui m'a été remise par un des principaux établissements dont j'ai parlé, représente annuellement cent vingt jours de travail pour les employées dont l'admission est la plus ancienne, et soixante-cinq jours environ pour celles dont l'admission est la plus récente. On peut évaluer à seize mois environ la durée du stage, à la suite duquel une employée dont le service a été satisfaisant est pourvue d'un emploi permanent. »

Certaines compagnies emploient également, depuis quelque temps, des femmes dans leurs bureaux. Pour ne point abuser des chiffres je me bornerai à donner ceux qui m'ont été fournis par la Compagnie d'Orléans. Cette Compagnie emploie dans ses divers services environ deux cents femmes, recrutées exclusivement parmi les femmes, veuves ou filles d'agents. Même ainsi limité, le nombre des postulantes était, à une date récente, de six cent vingt-six. Il n'est guère fait par an plus de sept nominations.

Une dernière perspective s'est ouverte depuis quelques années aux yeux des jeunes filles un peu intelligentes et ambitieuses : celle d'employée dans les grands magasins. Ce n'est pas ici le lieu de traiter cette question si controversée des grands magasins, ni de les défendre contre les préventions dont ils sont l'objet. Ce qu'ils pourraient alléguer de plus solide pour leur défense, c'est l'ardeur des intéressées à y entrer. Je ne citerai qu'un seul chiffre. Aux Magasins du Louvre, il n'y a pas en permanence moins de cent demandes pour chaque emploi vacant. Le nombre de ces vacances est fort restreint, grâce à la stabilité de plus en plus grande du personnel, recruté avec beaucoup de soin. Il ne s'en produit guère plus de soixante-dix à quatre-vingts par an. Les demandes auxquelles il n'a pu être donné satisfaction prennent rang après les demandes antérieures. Je ne sais pas le chiffre de ces demandes accumulées, mais il doit être considérable. Nul doute qu'il n'en soit de même au Bon-Marché, et dans les autres grands magasins qui ont la réputation méritée de traiter leur personnel féminin avec égards, et de lui assurer certains avantages.

En résumé, quel est le chiffre des *non-classées?* Toute prétention à l'exactitude serait ici ridicule. Rien n'est facile comme de donner des chiffres. Rien n'est difficile comme de les établir solidement. Ce serait, par exemple, faire un faux calcul que d'additionner le chiffre des expectantes dans tous les établissements dont j'ai parlé, car il y a beaucoup de doubles emplois. Telle jeune fille qui a formé une demande pour entrer au Crédit lyonnais sollicite en même temps son admission à la Société générale. Telle qui aspire aux Magasins du Louvre s'est adressée en même temps au Bon-Marché. Tout ce que je puis dire, c'est que, très approximativement, d'après les renseignements que j'ai groupés, j'évalue, à Paris seulement, à quinze ou vingt mille le nombre des jeunes filles qui végètent dans l'attente d'un emploi quelconque, que peut-être elles n'obtiendront jamais. Comment vivent-elles en attendant? Partie aux frais de leur famille, si elles en ont une, partie du maigre salaire qu'elles peuvent tirer d'un métier manuel auquel elles sont nécessairement maladroites.

Et pendant ce temps-là, dans les petites villes des environs de Paris, on se dispute les ouvrières à l'aiguille, et celles douées d'un peu d'habileté de main font totalement défaut!

Quels sont donc les charmes qui rendent la condition d'employée si attrayante aux yeux de la jeune fille du peuple, et les causes de cette ardente compétition?

Essayons de le démêler.

II

L'EMPLOYÉE

Ce qui attire les jeunes filles vers la condition d'employée, ce n'est pas le salaire : il est médiocre au début, et ne dépasse pas trois francs par jour, sauf à la Banque de France, où il est légèrement supérieur. Tous les deux ans, si le travail est satisfaisant, il est augmenté de vingt-cinq centimes, jusqu'à ce qu'il ait atteint quatre francs ou tout au plus quatre francs cinquante, taux qu'il ne dépasse jamais, sauf encore à la Banque, où certaines privilégiées peuvent arriver jusqu'à six francs par jour, mais après vingt-cinq ans de service. Sans doute, ce salaire de trois à quatre francs est supérieur à celui des lingères, égal à celui des couturières ordinaires. Mais les couturières habiles, les modistes, les fleuristes arrivent à un salaire égal et même supérieur. Il n'y a donc de ce côté aucun profit.

Ce n'est pas davantage la nature du travail, ni le genre de vie. Dans la confection d'un chapeau, d'une guirlande de fleurs, dans l'apprêt d'une robe de bal, il y a une part pour l'adresse, pour l'imagination, pour l'art. Au contraire, compter des coupons ou additionner des chiffres dans un bureau, le plus souvent à la lueur d'un bec de gaz, et cela toute la journée, toute sa vie, est une des besognes les plus fastidieuses qui se puissent imaginer. Et puis, la discipline d'un bureau est autrement sévère que celle d'un atelier de couture ou de modes. Pas moyen d'en user avec le sous-chef comme avec la première ou la patronne, de chanter, de rire, de s'amuser aux dépens des clientes. Il faut se taire pour ne pas déranger les additions des autres, et travailler toute la journée la tête penchée sur son bureau. On se croirait encore en classe.

Ce ne sont pas non plus les avantages indirects que quelques-unes de ces administrations accordent à leurs employées : restaurants où elles peuvent se nourrir à meilleur compte, soins gratuits du médecin en cas de maladie, congé annuel avec solde. Sans compter que ces avantages ne sont pas accordés par toutes les sociétés, ils sont compensés et au delà par d'autres difficultés de vie. Souvent je me suis demandé si la condition des employés, dont on parle si peu (et je pense ici aux hommes autant qu'aux femmes), n'était pas plus difficile que celle des ouvriers, dont on parle tant. Le salaire est généralement moindre. Beaucoup d'ouvriers se font, à Paris, des journées de cinq ou six francs par jour, tandis que l'employé débute parfois à douze cents francs, généralement à quinze cents, et plusieurs années s'écoulent avant qu'il soit porté à dix-huit cents. En même temps, un certain décorum s'impose à lui, qui lui rend la vie bien autrement onéreuse.

L'employé n'a pas, comme l'ouvrier, la ressource de prendre dans un fourneau économique, côte à côte avec des pauvres, un repas, excellent du reste, qui ne lui coûterait que douze sous. Sa dignité de demi-bourgeois ne le lui permet pas. Il est obligé d'aller chez le traiteur, qui l'écorche en l'empoisonnant. Il ne peut pas, comme l'ouvrier, mettre en semaine un vêtement de travail usé et malpropre, et une jaquette le dimanche. Il lui faut, en plus de son costume de tous les jours, une redingote et un chapeau haut de forme pour les visites de cérémonie, sans parler d'un frac qui peut devenir nécessaire dans les grandes circonstances. S'il est malade, il ne pourra pas se faire inscrire à la mairie sur la liste des indigents soignés gratuitement. Si sa femme accouche, il n'aura pas droit au médecin du Bureau et à la layette, qu'il est si facile aujourd'hui d'obtenir. Il n'a point le bénéfice des lois protectrices du travail, qui ne s'appliquent point à lui. Il ne fait point partie d'un syndicat qui prendra fait et cause pour lui, s'il a quelques démêlés avec l'administration ou la compagnie qui l'emploie. Il est isolé, sans défense, aux prises avec cette immense machine dont il est un rouage infime. Enfin, il ne s'aide pas lui-même, et la lenteur avec laquelle se développe en France l'esprit d'association ne lui permet pas encore de réaliser, par l'intermédiaire de sociétés coopératives bien organisées, toutes les économies qu'à Londres les *Cooperative Stores* procurent aux employés du service civil et militaire. On plaint souvent l'ouvrier, et je ne dis pas qu'on ait tort ; mais moi, je plains davantage encore le petit employé, et je crois que j'ai raison.

Toutes ces difficultés, toutes ces gênes, parfois toutes ces misères attachées à la condition d'employé sont naturellement communes aux femmes. A ces difficultés viennent s'en ajouter d'autres qui leur sont spéciales et dont il faut tenir compte, si l'on veut bien connaître leur situation.

L'employée est généralement célibataire. Mais si d'aventure elle est mariée, et si le mari est employé également, à toutes les épreuves que j'ai énumérées s'en joint une autre : c'est que la vie de bureau est absolument destructive de la vie conjugale. Sans doute il en est de même pour l'ouvrier et l'ouvrière de fabrique, si tous deux travaillent au dehors, et c'est malheureusement le cas dans beaucoup de villes industrielles. Mais à Paris, toutes les ouvrières, il s'en faut, ne travaillent pas dans des ateliers ou des magasins. Beaucoup de professions féminines peuvent s'exercer, et s'exercent en effet à domicile. Pendant que le mari est à l'atelier ou à l'usine (et encore un certain nombre d'ouvriers parisiens travaillent-ils en chambre), la femme peut faire à la maison, que ce soit à la main ou à la machine à coudre, beaucoup de travaux de couture et de lingerie qu'elle porte ensuite au magasin ou à l'entrepreneuse. Ces travaux ne l'empêchent pas de tenir son ménage, de faire la cuisine, et de garder ses enfants.

Il n'en est pas de même de l'employée. Entre elle et son mari s'élève toujours le bureau. Souvent il faut qu'elle y mange. En tout cas, elle y passe ses journées. C'est à peine si elle a le loisir de faire son ménage, et de préparer le repas du soir. Quant à garder les enfants, il n'y a pas à y songer Qui en prendrait soin? Il faut de toute nécessité les envoyer en nourrice. C'est dans les ménages d'employés que se recrutent surtout ce qu'on appelle, dans nos campagnes, les petits Parisiens, c'est-à-dire ces enfants nourris au biberon dans les villages des environs de Paris, parmi lesquels la mort cueille une si ample moisson.

Toutes ces tristesses de la vie d'employée ont été très bien décrites par M. Charles de Rouvre dans deux romans : *l'Employée* et

A deux, qui sont d'une note émue, d'une touche sobre et vigoureuse à la fois. A ses conclusions je n'aurais rien à objecter, s'il ne portait trop souvent au compte de ce qu'il appelle l'organisation sociale ce qu'il serait plus juste de porter au compte des lois naturelles, la femme ayant, tout comme l'homme, à gagner son pain à la sueur de son front. Quoi qu'il en soit, si ses deux romans tombaient sous la main d'une jeune fille qui attend avec impatience sa nomination comme employée, j'ai peine à croire qu'elle ne se sentît pas quelque peu découragée.

Elles ne se découragent pas cependant, bien au contraire. Les chiffres que j'ai donnés en sont la preuve, et lorsqu'elles ont obtenu leur nomination, c'est une joie sans pareille. Je connais, pour l'avoir suivie depuis son enfance, une jeune fille qui est employée dans une compagnie de chemins de fer. Elle était auparavant mécanicienne (ainsi appelle-t-on les ouvrières qui font marcher les machines à coudre) dans un grand atelier de confection. Elle y gagnait 3 fr. 75 par jour. Aujourd'hui, elle ne gagne plus que trois francs. Aussi sa préoccupation était-elle grande, de savoir si, dans la maison de famille où elle vivait, la Supérieure consentirait à rabattre de cinq francs par mois le prix de sa pension. Dans ces modestes existences, l'équilibre du budget dépend d'une somme de soixante francs par an, en plus ou en moins. Mais le jour où elle apprit qu'elle avait été reçue à l'examen et que sa nomination était définitive n'en fut pas moins un des plus beaux jours de sa triste vie d'orpheline alsacienne.

Deux choses attirent les jeunes filles, si je les ai bien comprises, vers cette condition si ingrate, à en croire du moins M. Charles de Rouvre, et ces deux choses sont à leur honneur.

La première, c'est la sécurité. L'ouvrière parisienne, quand elle est laborieuse, a la terreur du chômage, de la morte-saison, dont j'ai décrit, dans la précédente étude, les horreurs. Elle sait que, dans la plupart des industries où la femme est employée, le travail est excessif à certains moments de l'année, qu'à d'autres il fait absolument défaut. Elle vit dans une crainte perpétuelle que, d'un jour à l'autre, son gagne-pain ne vienne à lui manquer, et qu'après avoir été surmenée pendant quelques semaines, elle ne demeure oisive pendant plusieurs mois. Cette crainte du chômage fait même adopter de préférence par plusieurs un genre de travail où les salaires sont moins élevés, mais où la morte-saison est moins à craindre. Elles acceptent de travailler pour la confection, comme elles disent dans leur langage, c'est-à-dire pour les magasins qui vendent des articles tout faits. On est moins payé, mais le travail est moins intermittent. Cependant, même dans la confection, on n'est pas sûre d'avoir de l'ouvrage tous les jours. Et puis, un moment de vivacité de la patronne, une querelle avec la *première*, peuvent, du jour au lendemain, vous mettre sur le pavé. Dans un bureau, ce n'est pas la même chose. Une fois qu'on y est entrée, si on fait consciencieusement son service, c'est pour la vie. L'administration dont on dépend est peut-être plus rigide que paternelle; mais elle est absolument juste. Pour l'avancement, elle ne tient compte que des notes et de l'ancienneté. Elle ne vous renvoie pas arbitrairement, et quand on a fait avec régularité des additions pour son compte pendant vingt-cinq ans, elle vous assure souvent une petite retraite. L'employée est une sage qui renonce à la vie joyeuse et aux rêves d'avenir. Elle aura moins de bon temps que ses camarades du magasin; elle ne s'établira jamais pour son compte; elle ne deviendra pas patronne comme d'autres dont elle a entendu parler ; mais son pain quotidien et sa vieillesse sont assurés : elle peut dormir tranquille.

Une considération d'un tout autre ordre pousse également la jeune fille vers les occupations administratives, que la situation sollicitée par elle dépende de l'État ou de sociétés privées. En cessant d'être ouvrière pour devenir employée, elle monte en grade à ses propres yeux. Elle était du peuple ; elle passe au rang de petite bourgeoise. Si l'administration qui l'emploie dépend de l'État, peu s'en faut qu'elle ne se considère comme fonctionnaire, et les rapports avec elle n'en deviennent pas pour cela plus faciles. Il y a quelques années, un grand restaurant, ouvert seulement aux femmes, avait été fondé dans le voisinage de la rue Jean-Jacques-Rousseau. Les ouvrières qui venaient y manger isolément étaient toujours contentes du menu et de la cuisine. Les demoiselles du téléphone, qui mangeaient dans une salle à part, se plaignaient toujours. Dans les maisons de famille destinées aux jeunes ouvrières, souvent on ne veut pas recevoir d'employées. On craint que celles-ci ne fassent sentir à celles-là la supériorité de leur situation sociale, et que la zizanie ne s'introduise ainsi dans la famille.

L'employée, après tout, n'a pas si tort.

Que, dans les couloirs ou dans les cours de l'administration où elle travaille, elle rencontre un brave garçon (il y en a) qui soit employé comme elle, et qui ne compte pas au nombre des adeptes de l'union libre ; qu'au lieu de fonder ensemble ce qu'on appelle dans la langue du peuple un ménage parisien, tous deux contractent un mariage régulier devant M. le maire et M. le curé ; qu'après quelques années d'une existence assurément difficile et chétive, où ils auront passé peut-être d'assez mauvais jours, son mari, par un avancement régulier, finisse par être nommé commis principal ou chef de bureau, dans la hiérarchie sociale elle aura monté d'un cran. Son fils unique (car assurément elle n'aura qu'un enfant), si elle parvient à obtenir pour lui une bourse à Chaptal, à Turgot, ou dans un lycée, pourra se présenter à l'École centrale ou à Saint-Cyr. Il deviendra ingénieur ou officier. Il sera tout à fait un monsieur. Elle-même est devenue une dame. Qui sait ? Quand, avec son mari, elle sera retirée aux Batignolles, peut-être aura-t-elle *un jour*.

Telles sont les perspectives qui attirent beaucoup de jeunes filles vers ces carrières à peine ouvertes et déjà encombrées. Mais pour une employée qui arrive, combien restent en route et végètent misérablement ! Combien frappent plusieurs années à la porte, sans pouvoir la franchir, et augmentent ainsi cette catégorie des *non-classées*, que j'ai essayé de définir en commençant, et qui est assurément fort à plaindre ! Que peut-on faire pour elles ? Avant de le rechercher, je voudrais dire un mot d'autres misères qui ne sont pas sans analogie avec celles-là, et qui sont peut-être plus lamentables.

III

L'INSTITUTRICE

Lorsqu'une jeune fille vient au monde dans un de ces ménages de petits fonctionnaires, d'employés inférieurs, d'officiers en retraite mariés sur le tard, où le revenu suffit à peine aux dépenses quotidiennes, la question de savoir ce qu'on fera d'elle devient aiguë, dès que la jeune fille atteint dix-sept à dix-huit ans. Jusque-là, elle est élevée au rabais, tant mal que bien, dans un *externat de jeunes demoiselles* ou au moyen d'une bourse obtenue dans un lycée de filles. Généralement, les parents de cette jeune fille lui font passer, vers l'âge de seize ou dix-sept ans, ses examens à l'Hôtel de Ville pour l'obtention du brevet simple ou même du brevet supérieur. Ce n'est pas qu'ils aient l'intention d'en faire une institutrice communale. Ce serait déroger. Mais ils ont l'idée vague qu'un brevet, c'est une recommandation, et que cela sert toujours à quelque chose.

Cependant l'enfant est devenue une jeune fille. D'autres enfants suivent peut-être, à l'éducation desquels il faut pourvoir : un garçon dont la pension au collège semble déjà lourde, une autre petite fille qui va faire sa première communion. Que faire de celle qui est une femme, et qui doit désormais se suffire à elle-même?

A cette question, les *féministes* ont une réponse qui paraît simple. Ouvrir toute grande à ces jeunes filles la porte des carrières qui jusqu'à présent semblaient réservées aux hommes, en particulier celle d'avocat et celle de médecin. Pour la carrière d'avocat, la Cour de Paris avait répondu, et elle avait tranché la question par la négative, donnant ainsi, à mon humble avis du moins, une saine interprétation aux lois et aux textes qui régissent la matière. Mais les *féministes* n'ont pas voulu demeurer sur cet échec, ils ont obtenu de la Chambre des députés le vote d'une loi qui ouvre aux femmes l'accès du barreau. Je ne suis pas convaincu qu'ils leur aient rendu un vrai service en les poussant vers une profession déjà encombrée, pour laquelle aucune aptitude spéciale ne les désigne, et où elles ne trouveraient que mécompte.

Il n'en est pas de même de celle de médecin. En soignant de préférence des personnes de leur sexe ou des enfants, les femmes pourraient se rendre très utiles, surtout si, au lieu de courir la clientèle en ville, elles acceptaient modestement, comme aux États-Unis, d'être attachées à titre permanent à des établissements spéciaux, couvents, lycées de filles, etc. Quand les mœurs y seront faites, et déjà cela commence, il y aura là un débouché utile pour les jeunes filles douées de rares qualités, non seulement d'esprit, mais de caractère, intelligentes, laborieuses et persévérantes. Mais celles-là ne seront jamais qu'une minorité. Devant la jeune fille à qui je pense, d'instruction ordinaire, d'intelligence moyenne, deux carrières semblent seules s'ouvrir : celle de maîtresse de piano, et celle de gouvernante, ou, comme on dit plus fréquemment aujourd'hui, d'institutrice dans une famille où il y a de jeunes enfants.

Un mot sur ces deux carrières.

Je ne saurais naturellement dire combien il y a dans Paris de maîtresses de piano. Mais j'en sais assez pour affirmer qu'il y en a trop, par rapport au nombre des élèves. La plupart de celles qui se destinent à cette carrière incertaine essayent d'abord d'entrer au Conservatoire. Il y a eu, aux derniers examens, cent soixante-douze concurrentes. Le nombre de celles qui suivent aujourd'hui les différentes classes de piano s'élève à soixante-six[1]. Celles-là sont les chanceuses. Ce n'est pas que le titre d'ancienne élève ou même d'ancien prix du Conservatoire soit toujours un gagne-pain. Mais, néanmoins, ce titre est une recommandation, non seulement pour obtenir des leçons en ville, mais encore pour devenir *professeur* de piano (le mot n'a pas encore de féminin) dans quelque couvent, pensionnat ou lycée de filles.

Ce n'est pas que ces situations soient très grassement rétribuées ; mais du moins elles assurent un traitement fixe. Avec ce traitement et quelques leçons particulières, la vie d'une maîtresse de piano est tolérable. Celles vraiment à plaindre, ce sont celles qui courent le cachet, et trottent de rue en rue, d'une

1. On trouvera peut-être quelque intérêt à connaître le nombre exact des élèves femmes suivant les cours du Conservatoire. A la fin de la dernière année scolaire, il y avait 36 élèves à la classe de contrepoint et fugue ; 22 à la classe d'harmonie ; 104 à la classe de solfège ; 66 à la classe de piano ; 24 à la classe de violon ; 1 à la classe de violoncelle ; 7 à la classe de harpe ; 41 à la classe de chant.

leçon à l'autre. Sans parler de ce que le métier en lui-même a de pénible et de fatigant, il comporte en plus quelque chose de terrible : c'est le chômage annuel. Quand l'été arrive, les élèves se dispersent ; les leçons sont suspendues. La pauvre maîtresse de piano n'a plus rien à faire. Elle est tout heureuse, si, pendant ces longs mois d'été et d'automne, elle est engagée, un peu par charité, pour passer quelques semaines chez une élève dont on ne veut pas laisser se rouiller les doigts, ou chez une vieille dame aimant la musique. Si rien de ce genre ne lui est offert, elle en est réduite à vivre, souvent à soutenir une vieille mère ou une jeune sœur, sur ses économies de l'hiver et du printemps, qui s'épuisent vite. Au mois d'octobre, la crise du loyer arrive ; elle est terrible. J'ai connu ainsi des situations navrantes, et je suis arrivé à cette conviction que, pour une jeune fille de la petite bourgeoisie qui veut gagner son pain, à moins qu'elle ne soit remarquablement bien douée (et encore !)

mieux vaut courir la carrière d'institutrice privée.

Ce n'est point ici le lieu de faire le roman de l'institutrice ni de parler des tristesses de la situation, nécessairement un peu subalterne, à laquelle elle est condamnée, des dangers auxquels, pour peu qu'elle soit jolie, sa jeunesse est parfois exposée. Plaçons-nous à un point de vue beaucoup plus matériel et positif : celui de la carrière et du gagne-pain. Comment une jeune fille de la petite bourgeoisie devient-elle institutrice? Que gagne-t-elle? Si ce gain vient à lui manquer, que devient-elle? Essayons de le rechercher.

Elle devient institutrice, par les recommandations, par les amies qui parlent d'elle à une amie plus riche. Elle peut le devenir aussi par l'intermédiaire d'un couvent, si elle y a fait son éducation, les religieuses plaçant volontiers ainsi leurs anciennes élèves. Enfin, elle peut s'adresser à un bureau de placement.

Il y a dans Paris quatre bureaux qui ont la spécialité de placer des institutrices. J'ai visité l'un de ces bureaux. L'aspect m'en a paru convenable, la directrice aussi. Le matin, elle reçoit les domestiques, femmes de chambre, bonnes d'enfant, etc. L'après-midi est consacrée aux institutrices, pour ne pas les humilier par le contact. D'après les renseignements qui m'ont été fournis, la demande d'institutrices tendrait à baisser pour la France, à cause du grand nombre de cours publics ou privés que, depuis quelques années, on a ouvert pour les femmes. Ces cours, auxquels une bonne peut conduire, suffisent pour l'enseignement. La mère garde la charge de l'éducation, et, en soi, cela n'est peut-être pas un mal. Il n'en serait pas de même pour l'étranger. De même qu'en France on recherche beaucoup les institutrices anglaises ou allemandes, de même en Angleterre, en Allemagne, en Russie surtout, on recherche beaucoup les institutrices françaises. Certaines agences de placement à l'étranger écrivent pour en demander, et on leur expédie celles qui veulent s'expatrier, comme une marchandise d'exportation. Mais il n'est guère prudent de partir sur la simple assurance de ces agences étrangères, et il est préférable de traiter, par l'intermédiaire du bureau de Paris, avec les familles elles-mêmes. La commission que ce bureau prélève est de cinq pour cent du traitement de la première année. Des délais sont donnés pour le paiement. Il n'y a là rien d'excessif ni qui justifie les déclamations habituelles contre les bureaux de placement.

Quant au gain de l'institutrice, il est des plus variables et dépend non seulement de l'âge et de l'expérience de l'institutrice, mais encore et surtout du rang social de la famille où elle est entrée. Je laisse de côté celles, en assez petit nombre, qui reçoivent, dans les familles riches, un traitement assez élevé; je ne pense qu'à la petite institutrice, dans un milieu bourgeois. Douze cents francs est déjà une rémunération élevée. Quinze cents francs est un maximum rarement dépassé, et, comme il y a certaines obligations de toilette et de tenue, ce que chacune peut mettre de côté s'élève à peu de chose.

Celles-là, cependant, sont les privilégiées. Celles qui sont vraiment à plaindre, ce sont les sous-maîtresses dans les pensionnats laïques, ou, ce qui est plus rare, bien qu'on en rencontre quelquefois, dans les couvents. Elles ne touchent guère plus de cinquante à soixante francs par mois, qui passent en frais de toilette. Parfois même elles sont ce qu'on appelle « au pair », c'est-à-dire qu'elles sont nourries, logées, habillées, et ne touchent absolument rien. Vraiment, même dans un couvent, c'est trop peu.

En comparaison avec la vie de l'employée et surtout de l'ouvrière, la vie de l'institutrice est cependant assez douce. Elle ne connaît point ces intermittences de travail, qui, pendant quelques semaines, exténuent l'ouvrière, et, pendant quelques autres, la laissent oisive. Elle est à l'abri de la morte-saison. En échange de son indépendance sacrifiée, elle a le vivre et le couvert toujours assurés. Elle ne connaît point l'angoisse du loyer à payer, ni celle de l'ouvrage à trouver. Matériellement, elle est heureuse. L'instant critique, c'est quand l'emploi qu'elle occupait vient à lui manquer, soit brusquement par un renvoi, motivé ou non, soit par le départ de la famille ou le mariage de l'élève.

Si l'institutrice a encore ses parents, le mal n'est pas grand. Ce n'est qu'un moment difficile à passer. Elle revient dans le petit intérieur où s'est écoulée sa jeunesse. On ne l'y voit pas toujours revenir de très bon œil. Sa place y a été prise. Il faut dresser un lit de sangle pour elle dans la chambre de sa sœur, ou dans la salle à manger. Mais souvent, ce n'est qu'un temps à passer. Par le même bureau ou par les mêmes recommandations, elle pourra trouver une nouvelle place. Si l'attente est longue, du moins elle n'est pas trop pénible.

Tout autre est la situation de l'institutrice

sans place, si elle est orpheline, et c'est précisément le cas de beaucoup d'entre elles. Étant sans famille pour la recevoir, il lui faut d'abord se loger d'une façon convenable, car, si l'on vient chez elle aux renseignements, elle ne peut pas recevoir dans une chambre misérable. Il faut se nourrir dans un endroit convenable également. L'hôtel garni et le restaurant coûtent très cher. Il faut que la toilette demeure soignée, et ne trahisse pas trop la gêne. Enfin, il faut s'épuiser en courses et en visites.

Les plus à plaindre sont celles qui ont passé plusieurs années à l'étranger. Elles ont perdu toutes leurs relations à Paris, où peut-être elles n'en ont jamais eu beaucoup, et ne savent à qui s'adresser. Les autres font quelques visites, humbles et timides, aux familles amies de leurs anciennes élèves, qui leur promettent vaguement de s'occuper d'elles, et puis qui n'y pensent plus. Beaucoup ne connaissent même pas l'existence de ces bureaux de placement dont j'ai parlé, ou répugnent à s'y adresser, pensant, non sans raison, que les familles qui s'adressent à ces bureaux ne sont pas l'élite. Ces quelques démarches faites, elles attendent. Quoi ? Elles n'en savent trop rien. Pendant cette attente, le peu d'argent qu'elles avaient pu économiser s'en va rapidement, et la misère les guette. Quand elle les atteint, elle est atroce.

Ce n'est pas seulement en effet la misère du corps, les privations, les souffrances, le froid dans une petite chambre où l'on ne peut pas allumer de feu, les repas trop courts, parfois la faim. C'est encore la misère de l'âme, l'humiliation de la déchéance, l'angoisse de l'avenir, la perspective de l'aumône qu'il faudra bien recevoir, et peut-être solliciter. C'est aussi la préoccupation aiguë de conserver à tout prix, dans sa personne et ses vêtements, une apparence décènte. Ce n'est pas seulement une question de dignité ; c'est une question de salut. Qui voudrait d'une institutrice en haillons ? et Dieu sait si les vêtements s'usent rapidement par la pluie et la crotte !

Le trop grand nombre de jeunes filles qui s'adressent à la *Société de protection des Alsaciens-Lorrains*, fondée par mon père, m'a permis parfois de recevoir des confidences, ou de recueillir des mots navrants. Je me souviens d'une, entre autres, qu'un malentendu avait fait revenir chez moi deux fois dans la même journée. Elle demeurait très loin. Comme je m'excusais de la longue course que je lui avais imposée : « Cela ne me fait rien de marcher, monsieur, me répondit-elle. Je suis jeune et forte, mais ce sont les chaussures. Cela les use tant ! »

Une autre, pour venir chez moi d'Auteuil, par un jour de décembre très froid, avait pris l'omnibus. Mais, pour économiser trois sous, elle était montée sur l'impériale. Elle était bleue de froid, et claquait des dents sous sa mince jaquette de drap noir. A une pauvre femme, rien n'aurait été facile comme de faire accepter un châle ou un tricot. Mais comment répondre par une aumône à une femme qui vient très dignement vous demander une place ? Quelques-unes, dans cette détresse, essayent des démarches hardies. Un jour, je reçus la visite d'une jeune fille qui venait me demander de lui procurer des leçons. Ce n'était pas une Alsacienne. Elle était toute jeune, assez jolie, avec une apparence d'aplomb qui ne me plut pas. Après lui avoir dit, sans doute un peu trop sèchement, que je n'étais pas un bureau de placement pour institutrices, je ne pus m'empêcher de lui faire remarquer ce qu'il y avait d'un peu inconsidéré de sa part à se présenter ainsi, sans introduction ni recommandations, chez des personnes qu'elle ne connaissait pas. A ces paroles, peut-être un peu inconsidérées elles-mêmes, son assurance factice l'abandonna. Elle éclata en sanglots, jurant qu'elle ne méritait pas le soupçon qui m'avait traversé et dont elle s'était bien aperçue. Vainement je m'efforçais d'expliquer et de retirer ces malheureuses paroles.

Quand elle me quitta, elle n'était pas encore consolée. Qu'est devenue la pauvre fille ? je l'ignore, et il est infiniment peu probable que ces lignes tombent sous ses yeux. Je le voudrais cependant, car j'aimerais qu'elle sût au moins la justice que je lui ai rendue après coup, et le remords que j'ai toujours conservé de ma rudesse.

Quand elles sont à bout de démarches et de ressources, que deviennent-elles ? C'est une question qu'on peut se poser pour bien des misères que l'on croise dans la vie, sur lesquelles on s'attendrit un moment, et dont on se débarrasse avec un léger secours. En m'adressant aux œuvres qui ont la spécialité de venir en aide aux femmes en détresse, j'ai cherché à le savoir. Quelques-unes de ces pauvres filles ont recours à l'œuvre *des Mères de famille*. Cette œuvre, dont j'ai parlé dans l'étude précédente, a comme spécialité de fournir du travail à domicile aux femmes atteintes par le chômage. Malgré son nom, elle procure, quand elle le peut, de l'ouvrage à toutes les femmes qui en demandent, mères de famille ou non. Malheureusement, les institutrices sont en général tout à fait impropres au genre de travail que l'Œuvre peut leur procurer, et qui est toujours un travail manuel. L'une d'elles se présentait, il n'y a pas longtemps, au siège de l'Œuvre. Elle ne voulut pas convenir que c'était pour elle-même qu'elle sollicitait de l'ouvrage, et s'efforça de persuader que c'était pour une amie. Charitablement, la Supérieure entra dans son innocent mensonge, et lui offrit des chemises à coudre ou des draps à ourler. Mais elle soupira, disant que son amie ne savait faire que des petits ouvrages au crochet, et elle disparut, sans rien emporter. On ne l'a jamais revue.

Quelques-unes, à bout de forces, viennent frapper à la porte des refuges de nuit. L'*Hospitalité du travail* de l'avenue de Versailles en reçoit de quinze à vingt par an ; chacun des trois asiles de nuit de la *Société philanthropique* à peu près autant. Celles-là sont bien tombées dans l'insondable misère des déclassées. Elles ont sombré. Qui viendra, en effet, sauf par une circonstance tout à fait exceptionnelle, demander une institutrice pour ses enfants à un asile de nuit ! Quand elles sont courageuses, et qu'elles ont quelques aptitudes, les directrices de ces asiles arrivent cependant quelquefois à les placer, mais à une condition : c'est qu'elles consentent à oublier définitivement ce qu'elles ont été. On m'a parlé d'une qui, courageusement, a accepté ainsi une place de femme de chambre. Elle ne se plaint pas trop de sa condition, car elle a fini par inspirer confiance à sa maîtresse qui en a fait une sorte de femme de charge. Ce qui lui est dur, c'est de manger à l'office. Une autre, adroite de ses doigts, s'est faite ouvrière, et travaille dans un magasin de la rue du Sentier. Parfois aussi on les place, pour leur nourriture, comme gardes permanentes, auprès de personnes solitaires et impotentes. Mais ce métier d'infirmière forcée est rebutant. Les autres, celles pour lesquelles on n'a rien pu trouver, quittent l'asile au bout d'un temps plus ou moins long. Que deviennent-elles? Personne n'en sait rien. Elles roulent, épaves de la vie, au hasard de ce grand Paris, et disparaissent dans ses flots boueux. Quelques-unes allument un réchaud, et viennent ainsi grossir la triste liste des suicides par misère. Les plus heureuses sont encore celles qui meurent jeunes, à l'hôpital.

N'y a-t-il pas quelque chose de plus efficace à tenter en faveur de ces infortunées que de leur faire l'aumône d'une hospitalité passagère, et de les laisser ensuite devenir ce qu'elles peuvent ? Ne pourrait-on pas créer une œuvre ou une institution qui leur fût spécialement destinée ? Une personne de tête et de cœur l'a pensé : c'est mademoiselle Chiron, qui fondait, il y a quatre ans, la *Société de protection des institutrices françaises*.

Ancienne institutrice elle-même, mademoiselle Chiron a connu tous les hasards de la profession, brusques renvois, longs mois sans place, solitude, misère, privations. A force d'énergie, elle a triomphé de tout, et aujourd'hui, elle a pu se retirer de la lutte avec quelques économies. Au lieu d'en jouir pour elle-même, elle a conçu un généreux dessein : celui d'en faire profiter ses anciennes compagnes pour lesquelles elle a conservé un amour profond. « L'institutrice, — s'écriait-elle éloquemment dans une conférence faite à Neuilly, en janvier 1895, — je l'aime par-dessus tout au monde, et tant que je vivrai, quoi qu'il arrive, celles qui connaissent, comme je l'ai connu, le dur labeur de la vie, trouveront toujours, dans la mesure de mes forces, de mes moyens, un toit pour les abriter, un morceau de pain pour calmer leur faim, un cœur pour les consoler. »

Ce toit existe depuis peu : mais il est encore bien exigu. Mademoiselle Chiron a consacré, en effet, la majeure partie de ses économies à constituer le capital de la *Société de protection des institutrices françaises*, qui a été autorisée par arrêté préfectoral. Dès sa création, cette société a obtenu, entre autres patronages, celui d'une charité intelligente qui s'exerce encore de loin dans le pays qu'elle n'a pas cessé d'aimer. La reine de Portugal a compté au nombre des premières bienfaitrices de l'œuvre.

Mademoiselle Chiron a établi le siège de cette œuvre à Neuilly, 101, avenue du Roule. Mais ce n'est pas un simple bureau. C'est une petite maison blanche, proprette, qui a toute l'apparence d'une habitation bourgeoise, et ne dépare point une des plus belles avenues de Neuilly. La maison tout entière est consacrée aux institutrices. En effet, le but de la société, d'après l'article 3 de ses statuts, est « d'élever le caractère moral de l'institutrice en la soustrayant aux influences funestes de la capitale et à la promiscuité qu'elle rencontre dans les bureaux de placement. » Pour les soustraire à ces influences et à cette promiscuité, mademoiselle Chiron offre aux institutrices sans place un asile temporaire dans cette petite maison discrète. Elles y sont reçues sans conditions, si elles sont déjà connues de mademoiselle Chiron, ou moyennant le dépôt d'une somme de trente francs, si elles se présentent pour la première fois. Elles y sont hospitalisées jusqu'à ce qu'elles aient trouvé une place que, par ses relations personnelles, Mademoiselle Chiron est souvent en mesure de leur procurer. Lorsqu'elles sortent de la maison, par un procédé ingénieux qui sert à couvrir en partie les frais de l'œuvre, on leur fait reconnaître par écrit la dette qu'elles ont contractée, sur le pied de trois francs par journée de séjour, ce qui est assurément modique. Mais cette dette est purement d'honneur. Celles qui l'ont reconnue l'acquittent quand et comme elles veulent. Il est rare, cependant, qu'avec le temps, la dette ne soit pas entièrement remboursée. Enfin, le lien d'une sorte de société de secours mutuels dont les membres sociétaires paient deux francs et les membres d'honneur quarante francs, continue de rattacher à la maison hospitalière ses anciennes pensionnaires, et leur donne le droit de venir y passer les quelques heures qu'elles peuvent avoir de libres, dans la semaine ou le dimanche.

C'est là une œuvre excellente, ou plutôt l'embryon d'une œuvre excellente. Une chose, en effet, en a, jusqu'à ce jour, paralysé le développement : l'exiguïté des ressources. L'avant-dernier budget de la société s'établissait d'une façon bien simple : Dépenses 7460 francs. Recettes 3569. Déficit 3891. On a pourvu à peu près au déficit et à celui de l'année courante au moyen d'une loterie. Je crains que le dernier budget ne soit plus misérable encore. J'ignore ce qu'une tentative de souscription a rapporté, mais je doute que ce soit assez pour assurer la durée de la société. La charité, qui à Paris se montre parfois si aveuglément prodigue, laissera-t-elle végéter et tomber peut-être une œuvre qu'il faudrait au contraire encourager et agrandir ? Je veux espérer que non, et laisser le dernier mot à ce touchant appel de mademoiselle Chiron : « L'enfant abandonné a sa crèche, le vieillard a son hospice, l'oiseau du ciel son nid, et l'institutrice orpheline n'a pas où reposer sa tête. »

Offrir à ces *non-classées* ou à ces déclassées un asile et une assistance temporaire est bien. Leur procurer un emploi et, pour employer une expression peut-être trop commerciale, un débouché serait mieux encore. La chose est-elle possible ? Quelques bons esprits l'ont cru, et j'ai partagé, dans une certaine mesure, leurs espérances. Avons-nous eu raison ? C'est ce que je voudrais chercher, en toute bonne foi.

IV

L'ÉMIGRATION DES FEMMES AUX COLONIES

Au mois de janvier de l'année 1897, l'*Union coloniale française*, société dont le nom seul dit assez la nature et le but, se proposa d'organiser une conférence sur un sujet absolument neuf, en France du moins : l'émigration des femmes aux colonies. C'était le très distingué et dévoué secrétaire général de la société, M. Chailley-Bert, qui devait faire la conférence, et il vint, au nom de la société, me demander de la présider. Rarement j'ai été aussi surpris que par cette demande, car rien, absolument rien ne me désignait pour cet honneur.

En effet, je ne suis point un *colonial*, comme c'est aujourd'hui la mode de l'être, même parmi gens qui seraient bien fâchés de perdre de vue les côtes de France. J'appartiens à cette génération dont la jeunesse a été coupée en deux par la guerre, et qui se serait volontiers fait un point d'honneur de demeurer *hypnotisée* devant la trouée des Vosges, suivant une expression aussi célèbre que, selon moi, malheureuse.

Lorsqu'on demandait à Newton comment il avait découvert les lois de l'attraction, il répondait : « En y pensant toujours. »

Je crois que penser toujours à l'Alsace et à la Lorraine eût été la meilleure manière de les reconquérir, et que l'acceptation trop facile des conséquences de notre défaite par la plus grande partie de la génération nouvelle est un des symptômes les plus affligeants de notre état moral. C'est pour moi un perpétuel sujet d'étonnement que, conservant à ses flancs cette plaie béante, la France ait cru pouvoir s'embarquer sans péril pour des plages lointaines, et partir à la conquête d'un empire nouveau qu'elle serait singulièrement en peine de défendre, le jour où, comme il lui advint au XVIIIe siècle, elle serait aux prises avec une guerre à la fois continentale et maritime. « Pour fonder une colonie lointaine, il faut être assuré d'avoir et de conserver l'empire de la mer. » Il y a soixante-sept ans que Tocqueville a écrit ces lignes. Elles n'en demeurent pas moins vraies pour cela. Je crains que nos coloniaux n'aient pas suffisamment médité cette vérité, dont les mésaventures de l'Espagne sont encore venues démontrer l'évidence.

Ceci dit, puisque nous avons des colonies, beaucoup de colonies, encore faut-il qu'elles servent à quelque chose. Déjà elles ont servi, et il faut s'en réjouir, à réveiller en France l'esprit d'entreprise, à ranimer l'énergie latente de notre race, à susciter des hommes, et à montrer que le vieil esprit des La Salle, des Jacques Cartier, des Champlain, ces hardis explorateurs d'autrefois, n'est pas mort, comme on pouvait le craindre, avec le régime social et politique qui encourageait leurs audaces.

Mais cela n'est pas assez, et sur ce point les coloniaux ont raison. La période d'exploration ou de conquête une fois terminée, il faut que la période d'exploitation commence. Or, pour qu'une colonie prospère et se développe, il ne suffit pas qu'elle offre un débouché à ceux qui, dans les rangs pressés de notre vieille société, n'ont point réussi à se tailler une place, ou encore à ceux dont l'activité, l'ardeur, l'esprit d'entreprise ne sauraient s'accommoder des molles et prosaïques conditions de notre vie moderne. Il faut aussi qu'elle s'accroisse, sur place, par le développement normal de la population, c'est-à-dire par les mariages et les naissances. Or, il y a aux colonies peu de naissances et encore moins de mariages, et cela pour une bonne raison : nos colonies manquent de femmes. Quelques chiffres vont le prouver.

Ces chiffres ne sont pas absolument faciles à rassembler, et il est surprenant, alors que les questions de colonisation intéressent au-ourd'hui tant de personnes, qu'il faille les chercher dans des documents épars et incomplets. Ils ne sont pas aussi récents que je le voudrais, mais, à l'époque où ils m'ont été donnés, je puis les affirmer comme exacts.

En Tunisie, la proportion des femmes par rapport aux hommes est assez satisfaisante : 7 438 femmes et 8 769 hommes, soit 46 femmes et 54 hommes pour 100 habitants. Aussi la population française en Tunisie s'accroît-elle rapidement. Elle était de 10 030, à l'avant-dernier recensement quinquennal ; de 16 534, au dernier.

Cet accroissement rapide est plus démonstratif que tous les raisonnements.

Malheureusement, la situation est toute différente dans les autres colonies.

A la Nouvelle-Calédonie, par exemple, la population masculine serait de 6 111, et la population féminine de 2 950 seulement. Il est vrai que ces chiffres sont très anciens, puisqu'ils remontent à 1887, et il est étrange que des renseignements plus récents n'aient pas encore été publiés. On m'affirme que la population de la Nouvelle-Calédonie a beaucoup augmenté depuis quelques années, qu'elle est aujourd'hui d'environ 13 000 à 14 000 habitants, et que la proportion des hommes aux femmes serait de 60 à 40 pour cent. Mais ce sont là des conjectures. En tout cas, le déficit est patent.

En Cochinchine, la population française était, à une date assez récente, de 3 891. Aucun renseignement n'est donné par les documents officiels sur la proportion relative des hommes et des femmes, sauf à Saïgon, où il y a 1 345 hommes et 403 femmes seulement.

Au Tonkin, la population civile européenne se composait, en 1894, de 1 494 hommes et de 416 femmes, soit en tout 1 910 habitants. En 1896, elle était de 2 779. Quelle est sur ce nombre la proportion des femmes? Silence des documents officiels. Les gens bien renseignés l'estiment à peine à 30 pour cent.

Silence plus complet encore en ce qui concerne l'Annam. Le seul renseignement, c'est que la population civile était, en 1896, de 359 habitants. La proportion des femmes ne dépasserait pas 20 pour cent. Encore une fois, il est étrange que, sur une question aussi capitale, l'administration ne se pique pas de donner des renseignements plus exacts. Mais, à relever tout ce qu'il y a d'étrange dans notre administration coloniale, cette étude se rallongerait singulièrement.

Si la plupart de nos colonies manquent de

femmes, et si leur développement s'en trouve sensiblement ralenti, comment déterminer les femmes à s'y rendre? C'est la question que l'*Union coloniale française* s'est proposé de résoudre. Le moyen qu'elle a trouvé a été de créer une société d'émigration féminine, et c'est à démontrer l'utilité de cette création que M. Chailley-Bert a consacré sa conférence. Mais cette question, intéressante assurément, peut encore être envisagée à un autre point de vue que celui de l'expansion coloniale. S'il y a disette de femmes aux colonies, il y a pléthore en France, au moins dans certaines professions. Les *non-classées*, dont nous venons de voir le nombre, n'y pourraient-elles pas trouver un débouché? Certains emplois, convenant à leurs aptitudes, ne s'offriraient-ils pas à elles, là-bas, et, tandis qu'elles meurent de faim à Paris, ne seraient-elles pas largement rétribuées à Hanoï ou à Nouméa? La question coloniale se doublerait ainsi d'une question sociale et charitable, qui aurait bien aussi son intérêt.

Cette considération m'a déterminé à répondre à l'appel de M. Chailley-Bert, et c'est ainsi que j'ai accepté de devenir le parrain de l'enfant dont il était le père.

Cette idée d'encourager l'émigration des femmes aux colonies, que certains Français ont trouvée si étrange et si joyeuse, n'avait au reste par elle-même, rien de nouveau ni d'original. C'est une idée anglaise. Or, si l'on veut coloniser, il faut bien se résoudre à emprunter quelques idées à l'Angleterre, qui ne paraît point avoir mal réussi en ce genre d'entreprise. J'ai sous les yeux un petit livre très bien fait (je voudrais que le pareil existât en France), qui est intitulé : *The English Women Year-Book*. C'est une nomenclature exacte, une sorte de dictionnaire de toutes les œuvres, institutions, sociétés qui intéressent directement ou indirectement les femmes. A l'article *Emigration*, ce dictionnaire ne mentionne pas moins de quatre sociétés ayant pour but de favoriser l'émigration des femmes. Il mentionne également l'existence de dix-sept institutions où l'on donne aux jeunes filles une éducation spéciale, en vue de les préparer à gagner leur vie aux colonies. La plus importante de ces sociétés est la *United British Women Emigration Association*, qui compte plus de quinze années d'existence. Depuis sa fondation, elle a déjà favorisé l'émigration aux colonies de plus de dix mille femmes *self respecting*. Au cours d'une seule année, elle a été en relation avec 1902 personnes, elle a écrit 5 646 lettres, et expédié aux colonies 378 femmes isolées et 13 familles comprenant 38 personnes. Son budget s'élève à près de 5000 livres, et l'importance de ses ressources lui permet de faire aux émigrantes certaines avances que celles-ci lui remboursent sur leurs premiers gains. Bien qu'elle n'ait aucun caractère confessionnel, cependant une même pensée religieuse semble animer tous ses membres, et elle se refuse à expédier aucun convoi de jeunes filles sur un bâtiment qui ne serait point muni d'un chapelain.

Cette association est honorée des plus hauts patronages. Avec ce sens du devoir social qui caractérise l'aristocratie anglaise, les femmes du rang le plus élevé ont inscrit leurs noms sur ses listes. Aussi, dans l'un de ses rapports demandait-elle à tenir son rang, lors de la célébration du jubilé de 1897, et elle faisait appel à la générosité publique, « afin qu'il lui fût possible de faciliter à un plus grand nombre de femmes anglaises le moyen de porter le nom et l'exemple de leur grande reine jusque dans les parties les plus reculées de son vaste empire ».

La *Société française d'émigration des femmes* n'a point reçu les mêmes encouragements. Elle n'a rencontré, ni dans le monde officiel, ni dans le monde colonial, ni dans le monde charitable, les concours sur lesquels elle croyait pouvoir compter. Le monde charitable n'en a pas compris l'intérêt. Le monde colonial, qui lui avait au début témoigné quelque sympathie, s'en est assez vite désintéressé. Aussi son existence aurait-elle bien pu ne dépasser que de peu de mois la date de sa naissance, si elle n'avait été soutenue par l'énergie et le dévouement d'une femme de haute intelligence qui s'y est consacrée tout entière. Grâce à l'activité incessante de madame Pégard, certains résultats, qui sont intéressants, peuvent déjà être considérés comme acquis.

Une des principales objections qui étaient faites à la création de la Société se traduisait ainsi : On ne trouvera pas de femmes voulant partir pour les colonies. Si les Français sont attachés à leur foyer, les Françaises le sont encore davantage. Pas une femme respectable ne témoignera le désir d'émigrer. Celles qui s'adresseront à la Société ne seront que des aventurières, des demoiselles avec tare dont on ne voudra plus dans les agences matrimoniales. Ce serait un triste cadeau à faire aux colonies, et ce n'est vraiment pas la peine de les y envoyer.

A cette objection l'expérience a déjà répondu d'une façon victorieuse. La Société ne compte guère, en réalité, plus de deux ans d'existence, les premiers mois ayant été absorbés par les difficultés d'organisation. Durant ces deux ans, elle a reçu ; 787 demandes d'emploi et plus de 1 200 demandes de renseignements. Ces demandes, après enquête faite, ont été reconnues comme émanant de personnes parfaitement respectables qui, aux prises avec les pires difficultés de la vie, ont espéré trouver meilleure fortune aux colonies que dans la mère patrie. Dans le nombre figurent : 98 institutrices, gouvernantes, et demoiselles de compagnie ; 83 employées ; 27 sages-femmes ; 1 doctoresse ; 1 dentiste ; 88 couturières ; 22 modistes ; 37 ouvrières de diverses professions ; 17 cuisinières ; 18 femmes de chambre ; 19 bonnes à tout faire; 98 femmes sans profession; etc.

Comme on le voit, le nombre des femmes sans profession ou appartenant aux professions intellectuelles l'emporte de beaucoup sur celles appartenant aux professions manuelles. Il suffit, au reste, de jeter les yeux sur les lettres reçues par la *Société d'émigration* pour s'en convaincre. Rien n'est triste comme la lecture de ces lettres, écrites presque toutes d'une écriture fine et distinguée, sur joli papier. Elles respirent la mélancolie, le découragement, parfois le désespoir. « Je suis forcée de reconnaître, écrit l'une, qu'en France, je resterai toujours ce que vous appelez une non-valeur, malgré mes vingt ans, puisque je n'ai pas de dot. » — « Voulez-vous avoir la bonté, écrit une autre, de me donner tous les renseignements nécessaires sur les obstacles qu'il faut surmonter. Ne craignez pas de m'effrayer ; je suis habituée à la vie. » Et une troisième : « J'ai, pour la première fois, vu un peu clair dans cet avenir qui jusqu'à présent m'avait toujours paru si sombre. »

Toutes ces candidates à l'émigration ne sont cependant pas des vaincues de la vie. Quelques-unes sont, au contraire, très jeunes. L'une d'entre elles parle de ses seize ans. Ce sont des aventureuses, des romanesques. L'existence des femmes en France leur paraît plate et prosaïque. Elles voudraient voir des pays nouveaux. Au contraire, l'existence des colonies plaît à leur imagination. Elles ont toujours rêvé quelque chose comme cela. Qu'on leur trouve un emploi. Elles sont prêtes à partir. Sur quelque ton que ces lettres soient écrites, on sent qu'elles émanent de braves filles, intelligentes, courageuses, et qui ne demandent qu'à bien faire. Si vraiment nos colons ont besoin de femmes, ils peuvent en toute sécurité s'adresser à la *Société d'émigration.* La Société leur en fournira, dignes de ce nom.

Quel accueil les colonies ont-elles fait à

ces offres? Au début, cet accueil a été un peu froid. Les colonies n'avaient pas confiance dans ce nouvel article d'exportation qu'on proposait de leur envoyer. La qualité leur en paraissait douteuse. Peu à peu cependant, à mesure que le but poursuivi par la Société a été mieux compris, la confiance est venue, et les offres aussi, mais en nombre encore insuffisant : cinquante seulement. La difficulté provient surtout de ce que les offres ne répondent pas aux demandes. On offre aux colons des institutrices, des dames de compagnie, des employées ; ils demandent des cuisinières ou des femmes de chambre. Or, cuisinières et femmes de chambre ne sont pas disposées à quitter la France, où elles croient toujours trouver à se placer. Quelques couturières ou modistes, rebutées à Paris par la difficulté du métier, seraient bien disposées à tenter l'aventure. Mais l'industrie des marchandes de modes ne paraît pas encore très développée dans nos possessions d'outre-mer. Cependant, les efforts de la Société n'ont pas été vains.

Sans parler d'un certain nombre d'affaires en cours, trente-huit personnes ont été expédiées aux colonies, où elles ont trouvé des situations avantageuses. C'est la Nouvelle-Calédonie et la Tunisie qui en ont absorbé le plus grand nombre, c'est-à-dire, contrairement à ce qu'on pouvait penser, les colonies où la proportion des femmes, par rapport aux hommes, est la plus nombreuse. La plupart des femmes que la Société a pu ainsi pourvoir ont été arrachées à des situations douloureuses, presque tragiques. Elles ont trouvé, dans les bureaux de la Société, où beaucoup entraient en tremblant, un accueil affectueux auquel les duretés de la vie ne les avaient point accoutumées. Aussi la reconnaissance déborde-t-elle dans les lettres qu'elles écrivent en cours de route ; de Marseille, où une collaboratrice dévouée de la Société les accompagne jusqu'à bord du bateau qui doit les emporter ; de Port-Saïd, leur première étape, d'où elles font naïvement part de la frayeur que leur a causée la mer ; enfin, du lieu de leur arrivée, où elles sont accueillies par des correspondantes de la Société, et immédiatement pourvues de la situation qui leur avait été promise, car la Société s'est fait une règle absolue de ne faciliter le départ d'aucune femme à qui une situation ne serait pas assurée à l'avance. Ainsi elle a pu opérer de véritables sauvetages. Ajoutons qu'à quelques-unes de ses protégées elle a su procurer en France des situations temporaires qui les aident à vivre, en attendant qu'un emploi à leur convenance leur soit trouvé aux colonies.

Sous le rapport charitable, la Société a donc fait déjà ses preuves. Contrairement à ce qui avait été dit, elle a trouvé une clientèle. A cette clientèle, elle a déjà rendu de signalés services. Mais en peut-elle rendre, dès à présent, aux colonies elles-mêmes ? Peut-elle, comme ses fondateurs l'ont espéré, contribuer à leur peuplement ? C'est là une autre question. Avec la même sincérité, je dirai ce que j'en pense.

En comptant sur l'émigration des femmes pour hâter le peuplement de nos colonies, les fondateurs de la *Société d'émigration* ont obéi, je crois, à une idée qui n'était pas tout à fait juste. Pour me servir d'une expression familière, ils ont un peu mis la charrue devant les bœufs. Dans les colonies où la vie sociale et de famille est déjà suffisamment développée, comme en Tunisie et même en Nouvelle-Calédonie, les femmes peuvent trouver un emploi. Dans celles où la population masculine l'emporte sensiblement, il est singulièrement difficile de leur assurer une place, et quant à les y envoyer au hasard avec la chance d'y rencontrer un mari, personne n'y songe. La Société n'a jamais voulu, avec raison, devenir une agence matrimoniale. Ce n'est pas qu'elle n'en soit souvent sollicitée. J'ai vu certain nombre de lettres où, très dignement, très simplement, des jeunes filles racontent les difficultés de leur position, l'impossibilité où l'absence de toute fortune personnelle les met de trouver un mari en France, et demandent s'il n'y aurait pas aux colonies un établissement possible « pour des jeunes filles gaies et robustes, pas poltronnes du tout ».

D'autre part la Société n'a pas reçu moins de vingt-neuf lettres de colons demandant si la Société ne pourrait pas leur procurer une femme. Mais la difficulté c'est que les jeunes filles qui se proposent sont sans dot, et que les colons voudraient des femmes avec dot. Cependant, par l'entremise de la Société, plusieurs unions ont été conclues. C'est ainsi, qu'assez peu de temps après sa fondation elle expédiait à la Nouvelle-Calédonie une pauvre orpheline qui, écrivait-elle, « n'avait jamais connu un jour de bonheur dans sa vie », et qui devait y épouser un ancien gendarme, très bien noté, devenu surveillant de prison. Renseignements et photographies avaient été échangés. On s'était convenu mutuellement, et le surveillant allait venir en France pour faire connaissance avec sa fiancée, quand le congé lui a été refusé. Il fallait attendre trois ans. Bravement, la fiancée a pris son parti. Elle s'est mis en route pour Nouméa, emportant son modeste trousseau, son voile de mariée, et jusqu'à sa couronne de fleurs d'oranger dans un petit carton. Elle devait débarquer, chez les Sœurs de Saint-Joseph de Cluny, qui sont fort accoutumées à voir des mariages se célébrer dans leur chapelle. La cérémonie y a été conclue en effet, et j'espère qu'à l'heure qu'il est, le ménage est heureux. Qu'on ne sourie point ! Bien des mariages, dans notre monde, se font avec moins de renseignements, de conscience, et de chances de bonheur.

Parfois la Société se borne à prêter son concours pour faciliter l'accomplissement de promesses échangées en dehors d'elle. C'est ainsi que j'ai vu, dans son bureau, une cuisinière, qui se préparait à partir, toute joyeuse, pour rejoindre à Nouméa son fiancé, un gendarme. Autant que j'ai pu comprendre, il s'agissait d'une payse et d'un conscrit qui ne s'étaient pas vus depuis longtemps. Enfin, la Société a reçu, il n'y a pas longtemps, l'agréable nouvelle qu'une jeune fille placée par elle, à la Nouvelle-Calédonie également, venait d'y contracter un excellent mariage. Le père de la jeune mariée était si content d'avoir ainsi casé une fille à distance, qu'il demandait par la même lettre s'il ne pourrait point également envoyer la seconde à la Nouvelle-Calédonie, qui paraît décidément le paradis des mariages [1].

Ce sont là, jusqu'à présent du moins, des cas exceptionnels. Les *coloniaux* de France auraient tort, je le crains, de compter sur la *Société d'émigration des femmes* pour peupler les colonies où les hommes dominent. Lorsque la population de ces colonies se sera

1. Sous le rapport des mariages, la Société a rendu de réels services, et les lettres qui ont passé sous mes yeux établissent qu'elle n'a jamais eu à regretter son intervention dans cette délicate matière.

accrue par l'émigration de familles entières, par le développement normal de la population déjà installée, alors, pour remplir certains emplois qui conviennent aux seules femmes, elles pourront s'adresser à la *Société d'émigration*. Mais, tant qu'elles continueront à servir de champ d'activité à un certain nombre de colons célibataires qui feront le sacrifice d'aller y passer dix ou douze ans pour y faire fortune et y amasser de l'argent, avec l'arrière-pensée de revenir un jour dépenser cet argent dans la métropole, elles n'auront point l'idée de s'adresser à la *Société d'émigration*, car les colons de cette espèce ne se soucient point de s'encombrer d'une femme et d'une famille. Les femmes qu'on rencontre aux colonies, comme partout, leur suffisent. Quant à une famille, ils s'en soucient encore moins. La nécessité, sentie par quelques personnes charitables, de créer au Tonkin une société pour recueillir les petits métis abandonnés le démontre surabondamment. En un mot, la *Société d'émigration des femmes* pourra profiter de l'expansion coloniale : je doute qu'elle puisse y aider.

Ce qu'il faudrait, en attendant, ce serait l'aider elle-même dans son action charitable. Cette action se trouve forcément restreinte par l'exiguité de ses ressources. Un certain nombre de ces femmes qui s'adressent à elle sont aux prises avec la situation la plus difficile. Elles ont de petites dettes criardes. On ne peut pourtant pas leur faciliter le moyen de partir sans les avoir payées. D'autres sont réduites, pour tous vêtements, à ceux qu'elles portent sur elles. Pour se rendre aux colonies, il faut cependant posséder un petit trousseau. Ces dettes criardes pourraient être payées, ce trousseau constitué, si la Société pouvait faire à ces femmes, comme le fait la Société anglaise, certaines avances que celles-ci rembourseraient sur leurs premiers gains. Mais pour cela, il faudrait que la caisse de la Société fût un peu plus garnie. Or, si elle n'est pas vide, il ne s'en faut de guère. Les souscriptions sont rares; les dons ont été à peu près nuls. Et cependant bien des Sociétés qui ont reçu dans ces derniers temps des libéralités éclatantes n'étaient pas dignes de plus d'intérêt.

En résumé, la Société existe, elle agit; elle fait du bien. N'aurait-elle eu pour résultat que de venir en aide à un certain nombre de détresses individuelles, de frayer la route à quelques *non-classées*, de remettre à flot quelques déclassées, sa création n'aura pas été une œuvre vaine. Quant à son avenir, il dépend de celui de nos colonies elles-mêmes. Je ne crois pas qu'elle puisse, dès à présent, contribuer d'une façon bien efficace à leur peuplement. Mais si les patriotiques espérances auxquelles je veux m'associer en terminant se réalisent, si nos colonies prospèrent, par les services qu'elle pourra rendre aux femmes de la métropole, elle méritera de tenir sa place dans ce grand mouvement de sympathie humaine et de charité qui aura été l'honneur et la consolation des dernières années du XIXe siècle [1].

1. Si l'utilité de la *Société d'émigration des femmes* n'a pas été appréciée en France comme elle aurait dû l'être, il n'en est pas de même aux colonies. Je ne puis résister à la tentation d'insérer ici une lettre touchante que j'ai reçue naguère, du fond de l'Afrique, d'un groupe d'officiers et de sous-officiers coloniaux :

« Monsieur,

» Quelques officiers et sous-officiers français, isolés dans un poste lointain du Soudan français, ont lu ces jours-ci l'article sur « les *non-classées* » et l'*émigration des femmes aux colonies* », que vous avez publié dans la *Revue des Deux Mondes* du 15 juin 1898.

» Les misères que vous signalez sont intéressantes au plus haut degré ; et il est indiscutable que nos colonies de peuplement, la patrie et notre race elles-mêmes, ont beaucoup à gagner à la complète réussite de l'œuvre sur laquelle vous attirez l'attention.

» C'est comme Français, sachant par expérience combien sont lourdes parfois les conditions de l'existence, et comme coloniaux qui ont plusieurs fois agi et souffert pour le prestige du pays, que ces officiers et sous-officiers me chargent de vous adresser *la somme de cent francs incluse.*

» Ils s'excusent de s'adresser ainsi « au parrain » de l'Œuvre, et non à la *Société française d'émigration des femmes ;* mais ils ignorent l'adresse de cette dernière.

« Veuillez agréer, je vous prie, Monsieur, avec tous mes souhaits de prospérité pour la Société que vous patronez, mes respectueuses salutations.

ENTRE FEMMES

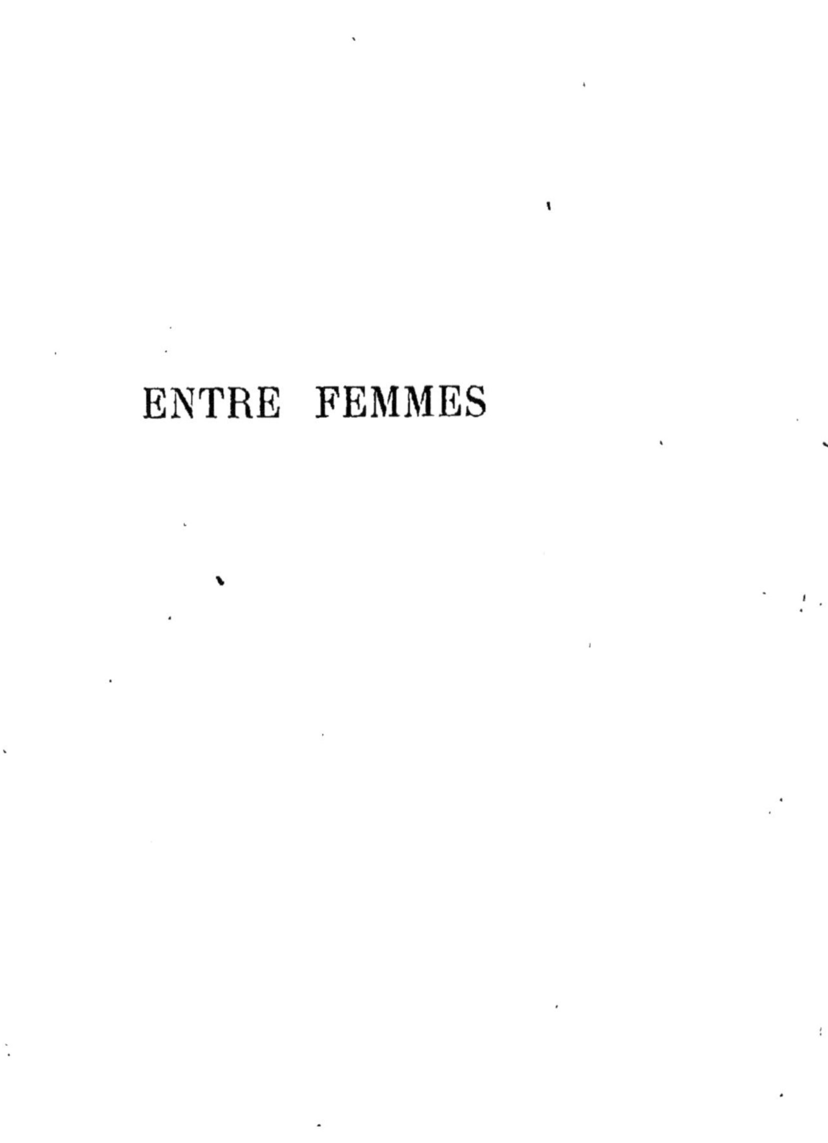

Cette étude pourra, par son titre, causer quelque déception à un certain nombre de lecteurs, voire même de lectrices. On n'y trouvera point, en effet, l'écho de propos légers ou médisants échangés au thé de cinq heures, ou lorsque les hommes ne sont pas encore revenus du fumoir. Il s'agit de tout autre chose, d'une question assez aride, intéressante cependant pour ceux que les questions sociales intéressent.

Les économistes et les hommes d'État qui envisagent avec un certain optimisme l'avenir de nos sociétes démocratiques, comptent beaucoup sur la mutualité pour porter remède aux souffrances qui paraissent inséparables de la condition des travailleurs. Ils n'ont pas tort. La mise en commun d'un risque incertain tel que la maladie, l'accident, le chômage, rend assurément de réels services, en répartissant sur un grand nombre de têtes la chance du risque. Ceux que le risque atteint bénéficient de la prévoyance de ceux qu'il épargne, et ceux qu'il épargne achètent au prix d'un modique sacrifice une sécurité qui a bien son prix.

Faut-il cependant espérer de la mutualité tout ce qu'en attendent quelques-uns de ses partisans. « Quand on découvre, dit l'auteur d'un livre intitulé *Hygiène sociale* [1], les effets certains de la mutualité, et qu'on pressent ses résultats possibles, il semble que l'on pénètre dans un monde merveilleux où le

1. L'auteur de ce livre, M. Coste, a été un des lauréats du concours institué en 1885 par M. Isaac Pereire pour récompenser l'auteur du livre le plus remarquable sur l'extinction du paupérisme.

rêve le plus idéal prend la consistance et la réalité de la vie. » Plus récemment, un des hommes qui ont tenu la place la plus honorable dans les conseils de la République, s'exprimait ainsi dans un discours à ses électeurs : « La mutualité a franchi plusieurs étapes. Il ne lui reste plus qu'un effort à faire. Elle le fera certainement aussitôt que l'éducation économique des travailleurs sera achevée. Quand ce cycle sera parcouru, le problème le plus aigu des temps modernes, celui qui paraît le plus insoluble sera résolu pratiquement et pacifiquement par la réconciliation du capital et du travail. »

N'est-ce pas là s'avancer beaucoup? Dans une étude publiée il y a quelques années, je crois avoir démontré que si la mutualité était réduite à ses propres forces, elle demeurerait impuissante à soulager quelques-uns des maux auxquels on lui demande de pourvoir [1]. Mais je n'avais traité la question qu'à un point de vue très général. Je

1. *Misères et Remèdes*, p. 411.

voudrais aujourd'hui la reprendre, en la serrant de plus près, et étudier en particulier les applications de la mutualité entre femmes. Les ouvrières font beaucoup moins parler d'elles que les ouvriers. Cela tient peut-être à ce qu'elles ne sont point électeurs. Mais ce n'est pas une raison pour ne point s'occuper des questions qui les concernent. Il se pourrait même que ce fût le contraire.

I

LA MUTUALITÉ FÉMININE

Quand on feuillette le volumineux rapport que le Ministre de l'Intérieur adresse tous les ans au Président de la République sur la situation des sociétés de secours mutuels, ce qui frappe au premier abord c'est l'écrasante disproportion entre le nombre des femmes affiliées à ces sociétés, et celui des hommes : 247 467 femmes contre 1 247 467 hommes, d'après le dernier rapport qui porte sur l'année 1896. Il n'est pas malaisé d'ailleurs de découvrir la cause de cette disproportion.

L'affiliation à une société de secours mu-suels suppose le paiement régulier d'une cotisation. Pour arriver à verser cette coti-sation, il faut que l'ouvrière soit en mesure d'économiser quelque chose sur son salaire. Or, combien y a-t-il d'ouvrières qui soient en état de le faire? Pour répondre à cette ques-tion, je pourrais renvoyer mes lecteurs à la dernière statistique publiée par *l'Office du travail* qui nous apprend que le salaire moyen de la femme employée dans l'indus-trie est de 2 fr. 20, et leur demander ensuite combien ils estiment qu'une femme qui doit pourvoir à tous ses besoins, logement, nour-riture, habillement peut économiser sur un salaire de 2 fr. 20 par jour. Mais s'ils se mé-fiaient, non sans raison, de ces moyennes qui souvent ne répondent pas à la réalité, je les engagerais à lire les études spéciales qui ont été publiées à ce sujet, par exemple : *Le travail des femmes au XIXe siècle* de M. Leroy-Beaulieu, ou l'ouvrage de M. Charles Benoist dont il a été question dans une précédente étude. En y trouvant décomposés ces navrants budgets d'ouvriers, en y voyant avec quelle difficulté à Paris même, c'est-à-dire dans la ville où les salaires des femmes sont les plus élevés elles arrivent à mettre en équilibre recettes et dépenses, ils comprendront qu'il ne soit pas absolument facile à ces pauvres femmes d'ajouter à leurs dépenses une cotisation si minime qu'elle soit.

Si donc un moindre nombre de femmes figure parmi les mutualistes, ce n'est pas qu'elles soient moins prévoyantes que les hommes (étant moins dépensières elles seraient au contraire plus portées à la prévoyance), c'est tout simplement que l'exiguité de leurs salaires ne leur permet pas d'ajouter à leurs dépenses le paiement d'une cotisation. A un trop grand nombre d'entre elles s'applique la fameuse maxime de Turgot et la non moins fameuse loi d'airain de Lassalle qui réduisent les salaires au minimum absolument nécessaire à la vie; maxime et loi absolument fausses si on les étend à l'universalité des travailleurs, mais vraies cependant pour une certaine partie d'entre eux, et en particulier pour un trop grand nombre de femmes qui sont obligées de s'adonner à des métiers peu lucratifs. Voilà donc du premier coup, dans le monde du travail, une nombreuse catégorie exclue des bienfaits de la mutualité. Voyons maintenant quelle est la situation des femmes auxquelles l'élévation de leurs salaires permet d'y participer.

D'après la législation qui régit les sociétés de secours mutuels, ces sociétés se divisent en sociétés reconnues d'utilité publique (celles-ci en très petit nombre), sociétés approuvées, c'est-à-dire dont les statuts ont été soumis au Ministre de l'Intérieur, et enfin sociétés simplement autorisées par le préfet de police à Paris ou les préfets dans les départements. Ne parlons ici que des sociétés approuvées. Ce sont celles dont les comptes sont le plus minutieusement tenus.

Aussi bien ce qu'on en peut dire s'applique-t-il à d'insignifiantes différences près, aux sociétés simplement autorisées.

Il existe 5 508 sociétés approuvées, composées exclusivement d'hommes, 2 202 sociétés mixtes, composées d'hommes et de femmes, et 233 sociétés composées de femmes seulement. Les sociétés mixtes comptent 165 478 femmes ; les sociétés exclusivement féminines en comptent 32 887, ce qui fait 198 365 femmes participant à la mutualité dans les sociétés approuvées. Mais si l'on veut apprécier les résultats que peut donner la mutualité entre femmes, il faut laisser de côté les sociétés mixtes pour ne s'occuper que des sociétés exclusivement féminines. C'est aussi ce que nous ferons.

Ces 233 sociétés ont encaissé en 1896, du chef de la cotisation de leurs membres *participantes* (pour parler un français de statistique), la somme totale de 386 080 francs, à laquelle il faut ajouter pour droits d'entrée

7 026 francs et pour amendes 12 089 francs, ce qui fait une somme totale de 405 185 francs, tirée uniquement de la bourse des sociétaires. La cotisation moyenne pour l'ensemble de la France est de 10 fr. 89. Dans le département de la Seine elle est de 16 fr. 81. En 1895, le nombre des femmes participant à la mutualité dans les sociétés exclusivement féminines approuvées ne dépassait pas 29 393. Cette augmentation indique un progrès dont il faut se féliciter.

Si les sociétés de secours mutuels entre femmes étaient laissées à leurs propres forces, ce serait uniquement avec le produit de ces cotisations, augmenté pour une faible part du produit des amendes et des droits d'entrée, que ces sociétés devraient faire face à leurs dépenses. Ces dépenses sont de deux sortes : les dépenses obligatoires et les dépenses facultatives. Sont dépenses obligatoires toutes celles qui sont imposées par les statuts, et qui sont la raison d'être d'une société de secours mutuels. Sont dépenses facultatives, les dépenses occasionnées par les avantages supplémentaires que certaines sociétés assurent à leurs membres. Ainsi les dépenses médicales, les indemnités en cas de maladie et les frais funéraires sont dépenses obligatoires. Il y faut ajouter les frais de gestion. Les secours aux orphelins, aux infirmes, les pensions de retraite, sont dépenses facultatives.

Cette distinction faite, consultons les comptes des sociétés exclusivement composées de femmes.

En 1896 leurs dépenses obligatoires se sont ainsi décomposées :

Dépenses médicales (médecins et pharmaciens).	240 531
Indemnités de maladie	159 376
Frais funéraires	23 914
Frais de gestion	41 179
Total des dépenses obligatoires...	465 000

Or, nous avons vu tout à l'heure que les produits des cotisations, amendes et droits d'entrée des membres *participantes* ne dépassait pas 405 185 francs. Le déficit est donc de 59 815 francs. Dans les sociétés simplement autorisées qui sont au nombre de 241 et comprennent 15 611 participantes, la situation, bien qu'un peu plus favorable, est la même. Les recettes provenant des sociétaires ne s'élèvent qu'à 143 072 francs, et les dépenses obligatoires atteignent 144 475 francs. Le déficit est de mille francs en chiffres ronds. Avec ses uniques ressources, la mutualité féminine ne saurait donc faire face même à ses dépenses obligatoires. Il ne semble pas qu'une contradiction sérieuse puisse être opposée à cette triste, mais irréfragable constatation.

De quoi vivent donc ces sociétés? De la bienfaisance. Leur déficit annuel est comblé par des dons et en particulier par les cotisations des membres honoraires. Je n'apprendrai rien à personne en disant qu'il est peu ou peut-être point de sociétés de secours mutuels qui ne comptent un plus ou moins grand nombre de membres honoraires, c'est-à-dire de membres qui contribuent par leurs cotisations aux dépenses de la société, mais qui ne participent point à ses avantages. Ce qui est moins connu c'est leur nombre et l'importance de leur rôle.

Au 31 décembre 1896, les sociétés approuvées toutes ensemble comptaient 244 149 membres honoraires contre 1 113 848 participants, ce qui donne pour chaque société un personnel moyen de 29 membres honoraires et de 146 membres participants. Mais pour les sociétés composées uniquement de femmes, cette proportion est dépassée : elle est de 32 membres honoraires contre 141 membres *participantes*, et cela est fort heureux, puisque, ainsi que nous venons de le voir, les cotisations des participantes ne suffisent point à couvrir les dépenses obligatoires. Dans la réalité des choses, chaque participante coûte à sa société plus qu'elle ne lui apporte par sa contribution. Les sociétés de secours mutuels entre femmes seraient donc en constant déficit si la bienfaisance n'intervenait pour y parer. En étudiant le mécanisme de quelques-unes de ces sociétés, nous verrons sous quelles formes diverses se produit cette intervention nécessaire.

II

TROIS SOCIÉTÉS PARISIENNES

Parmi ces 233 sociétés de secours mutuels entre femmes, il en est trois dont le siège est à Paris et dont je voudrais parler, non pas seulement parce que certaines circonstances particulières ou certaines communications obligeantes m'ont permis de connaître leur constitution, mais parce qu'elles se recrutent presque exclusivement dans le personnel si intéressant des ouvrières de l'habillement et de la toilette. Cette désignation, employée par la statistique, est moins pittoresque, mais me paraît plus juste que celle d'ouvrières de l'aiguille, sous laquelle on les désigne souvent, et que j'ai employée moi-même. En effet, un certain nombre d'entre elles, entre autres les fleuristes, les modistes, les mécaniciennes, et, dans une autre catégorie, les vendeuses ne vivent pas précisément de l'aiguille, tandis que toutes vivent de l'habillement et de la toilette. Mais le terme importe peu.

Ce personnel des ouvrières de la toilette, si aisément reconnaissable aux yeux d'un Parisien un peu exercé, à son aspect soigné, à sa mise élégante, à son air éveillé, aurait mérité de trouver chez un de nos grands romanciers un peintre de ses mœurs qui fût un Dickens et non pas un Paul de Kock, pour ne parler que des morts. Personne n'y aurait été plus propre que ce pauvre Alphonse Daudet qui, dans ses premières œuvres, nous avait donné des types populaires si vivants et si vrais. Seul peut-être il avait le sentiment de la réalité humaine, la réalité c'est-à-dire la complexité. Les couleurs du tableau seraient aussi fausses en effet si l'on peignait ce jeune monde absolument pervers, que si on le peignait absolument idéal. Mais ce que le romancier que je rêve devrait mettre en lumière, et ce qu'il ne saurait exagérer, ce sont les difficultés de la vie pour l'ouvrière de dix-huit ans.

Il la faudrait montrer, arrivant parfois de sa province ou sortant d'un orphelinat, pour tomber dans ce grand Paris ; décrire sa solitude morale au milieu de cette foule, son ahurissement à l'atelier où des compagnes déjà perverties s'appliquent à la déniaiser ; peindre d'abord sa mélancolie et son dégoût, puis sa trop rapide accoutumance ; bientôt la légèreté, la coquetterie, l'instinct du plaisir prenant le dessus ; les leçons de la famille ou de la bonne Sœur s'effaçant peu à peu de la mémoire, et les habitudes de piété cédant devant les railleries. Il ne faudrait pas négliger d'indiquer les embûches qui lui sont tendues dans le milieu même où elle vit, ni peut-être reculer devant les brutalités dont elle peut être victime. Si on la montrait succombant dans cette lutte ingrate où pas un appui n'est venu seconder sa résistance, il faudrait faire la part de la responsabilité de l'homme, de sa légèreté criminelle, parfois aussi de la rigueur d'une famille qui après avoir été insouciante se montre souvent impitoyable. Il ne faudrait pas hésiter à marquer les étapes par lesquelles l'ouvrière passe souvent de la faute à l'inconduite, puis de l'inconduite à la prostitution. Ou, si le romancier suivait un plan contraire, et s'il voulait que son héroïne sortît victorieuse de la lutte, il la devrait montrer aux prises avec les pires difficultés de la vie, en proie aux angoisses du chômage, obligée de réduire sur sa nourriture, tentée dans cette crise par des propositions malhonnêtes, et il pourrait, sans mentir à la réalité de l'observation, payer le même tribut d'hommages, que le poète de l'*Aventurière* :

A ces fières vertus qui dans un galetas,
Ont froid et faim, madame, et ne se rendent pas.

Je n'ai malheureusement rien de ce qu'il faut pour être le peintre de cette réalité. Sans parler de l'imagination et du talent, il me manquerait encore une connaissance assez approfondie de ce milieu spécial. Cependant les circonstances m'ont déjà mis en contact avec un assez grand nombre d'ouvrières pour que j'aie pu démêler parmi elles certains types assez différents : l'étourdie qui, rieuse, coquette, dépense en ajustements l'excédent de son salaire, court après le plaisir et finira dans la misère ; la sentimentale qui se laisse prendre d'abord aux belles paroles ou aux lettres bien tournées d'un commis de magasin, teinté de littérature, et s'efforce gauchement de lui répondre dans un style aussi défectueux que son orthographe, puis finissant par s'apercevoir *que ce n'est pas sérieux*, se résout à épouser un brave ouvrier, plutôt commun, avec lequel elle sera relativement heureuse ; l'économe, un peu ambitieuse, qui aspire à s'élever peu à peu, qui rêve d'être employée pour avoir une retraite, qui met de côté pour ses vieux jours, mais qui, fourmi peu prêteuse, refusera cent sous à une ouvrière, sa compagne ou même sa sœur; la paresseuse, que bientôt le travail rebute, qui s'établit d'abord avec Paul, passe de Paul à Alfred, d'Alfred à un ami d'Alfred, bientôt de l'un à l'autre, et finira dans la rue ou à l'hôpital; enfin la pieuse et pure qui, née tendre et un peu faible, s'est fortifiée au rude contact de la vie, qui a eu sa petite peine de cœur, ayant rêvé d'épouser un rentier dont la famille n'a pas voulu d'elle, et qui, par dégoût de son milieu vulgaire, par ardeur de dévouement et par instinct de femme, finit par demander au couvent les deux biens qu'elle a vainement demandés au monde, ou du moins à ce que sa simplicité appelait le monde : la paix et l'amour.

Ces observations ont engendré chez moi deux sentiments : un grand respect pour celles qui résistent; une grande indulgence pour celles qui succombent, à laquelle s'est joint un vague désir de venir en aide à celles qui luttent. Le meilleur moyen me paraît être pour cela de faire connaître ce qu'ont tenté jusqu'à présent ceux et surtout celles dont l'activité bienfaisante ne s'cn est point tenue à ce vague désir.

De ces trois sociétés dont j'ai dessein de parler, la plus ancienne est : *la Société de secours mutuels entre jeunes ouvrières et employées*, qui vient d'être autorisée à échanger cette appellation un peu longue contre celle-ci, plus leste : *la Parisienne.* Son existence officielle date du 25 septembre 1875. Son existence morale est un peu antérieure. Elle est la fille de cette intéressante communauté des Sœurs de Marie Auxiliatrice, dont j'ai déjà parlé et qui, fondée vers le milieu du siècle par une dame pieuse, dans l'intention un peu vague de venir en aide aux jeunes filles de la classe laborieuse, n'a cessé depuis lors de se développer et de multiplier ses œuvres. Naguère, j'assistais à une touchante cérémonie où il n'y avait pas moins de dix-sept prises de voile ou d'habit. Une des maisons dépendant de la communauté était installée à Paris, dans un fort modeste local, rue de la Tour-d'Auvergne. C'était, c'est encore une petite maison bourgeoise, accommodée tant bien que mal pour les besoins de la communauté. Pour répondre à leurs statuts, les Sœurs y avaient fondé un patronage, modeste institution comme il en existe beaucoup à Paris, dont le but est de réunir les jeunes filles, les dimanches ou jours de fêtes, pour leur offrir des *jeux et divertissements honnêtes*, et les détourner ainsi de la promenade sur les boulevards, en bande ou en tête à tête, dont les bonnes Sœurs se méfient beaucoup.

En rassemblant ainsi ces jeunes filles chaque semaine, elles ne tardèrent pas à être frappées du grand nombre d'entre elles qui étaient anémiées, souffreteuses, fréquemment arrêtées dans leur travail par des indispositions ou des maladies, à qui le bureau de bienfaisance était fermé parce qu'elles n'étaient point classées comme indigentes, et le médecin ou même le pharmacien inaccessibles parce que soins et remèdes coûtent trop cher. De là l'idée de créer entre elles une société de secours mutuels qui leur assurerait les soins gratuits. Mais cette idée, peu originale en elle-même, devait avoir une conséquence singulièrement heureuse.

Les statuts de la société de secours mutuels, suivant une clause fort ordinaire, excluaient du droit à l'inscription les jeunes filles atteintes de maladies chroniques. Or un grand nombre d'entre elles étaient atteintes d'une maladie chronique et la plus terrible de toutes : la phtisie. Comment les laisser sans soins ? De cette impossibilité morale est néc cette maison de Villepinte affectée aux jeunes filles poitrinaires qui, après des débuts modestes, est devenue d'aggrandissements en aggrandissements une des plus importantes de la charité privée et une des œuvres les plus justement populaires de notre pays. Ce n'est point ici le lieu d'en parler, la société de secours mutuels et l'établissement de

Villepinte, n'ayant aujourd'hui rien de commun : rien, sauf, hélas! la clientèle qui passe trop fréquemment de l'une à l'autre, et aussi le lieu de consultation qui est toujours la petite maison de la rue de la Tour-d'Auvergne [1]. J'ai assisté quelquefois à cette consultation, et je ne connais rien de mélancolique comme l'aspect de ces jeunes filles qui viennent là se présenter au médecin, les unes si visiblement atteintes que l'œil le moins exercé n'hésiterait pas sur le diagnostic, les autres cachant sous l'apparente fraîcheur de la mine le mal qui commence à les ronger, mais toutes anxieuses, tremblantes, attendant dans un silence plein d'angoisse, la décision du médecin qui doit leur faire connaître leur état véritable, et heureuses si, au lieu de Villepinte, il les envoie simplement à Champrosay, la maison des chlorotiques et des anémiées.

Ce cabinet de la rue de la Tour-d'Auvergne est un des rares endroits où l'œil

1. Voir à l'Appendice un rapport sur l'œuvre de Villepinte.

étranger peut voir défiler devant lui ce jeune monde des ouvrières de Paris, saisir sur le vif leurs souffrances, et découvrir aussi quelles vertus elles cachent parfois sous leur air un peu évaporé. Un jour, une jeune fille s'y présentait avec une lettre de recommandation d'un pharmacien. Cette lettre était ainsi conçue : « Je vous envoie une jeune, pauvre et intéressante malade. Sa mère est paralysée et soignée par une enfant qui gagne cinquante centimes par jour sur lesquels il faut nourrir trois personnes. C'est la jeune fille la plus sage et la plus honnête qu'on puisse trouver : toutes ses pensées étaient pour sa mère à laquelle elle envoyait tous ses gages. Aujourd'hui encore elle voudrait pouvoir gagner de l'argent pour aider sa mère et sa sœur. » Je regardai la jeune fille. Elle avait une robe d'assez mauvais goût, un chapeau à plumes et des frisons exagérés. Rien n'indiquait au premier aspect tant de misère, ni tant de vertus, et je me suis promis que désormais je ne jugerais plus jamais les petites ouvrières sur l'apparence ni sur les frisons.

Laissons de côté le sentiment et revenons aux chiffres. *La Parisienne* demande à ses sociétaires une cotisation mensuelle d'un franc cinquante, soit dix-huit francs par an. En échange de cette cotisation modique, elle leur assure, en cas de maladie, les soins et les remèdes gratuits, et en cas de décès un convoi convenable. C'est le minimum des avantages garantis par la mutualité. Mais elle distingue entre les sociétaires mariées et les sociétaires non mariées. Aux sociétaires mariées qui naturellement sont soignées à leur domicile, elle accorde, en plus des soins médicaux, une indemnité d'un franc par jour. En cas d'accouchement, cette indemnité est accordée pendant vingt jours. Quant aux sociétaires non mariées, qui sont de beaucoup les plus nombreuses, elles sont, en cas d'indisposition, soignées dans la maison des Sœurs de Marie-Auxiliatrice qui est le siège de l'œuvre. Si l'indisposition se prolonge elles sont envoyées dans un petit hôpital privé situé boulevard Saint-Marcel, qui ne compte que trente lits et où elles sont l'objet de soins plus individuels que dans les grands hôpitaux. Si l'une d'elles a besoin d'une opération ou d'une consultation spéciale pour les yeux et la gorge, elle est adressée à l'hôpital chirurgical de la Société philanthropique (Fondation Gouin), à Clichy. De plus la société assure aux sociétaires sans place un lit gratuit pendant un mois, et les nourrit moyennant une légère rétribution. Il y a là une sorte d'assurance temporaire contre le chômage qui complète les avantages importants assurés aux sociétaires.

Enfin une décision toute récente du Conseil d'administration de la société a créé une caisse d'encouragement à l'épargne. Cette caisse reçoit les versements individuels des ouvrières sociétaires à partir de cinquante centimes, et les place en leur nom à la Caisse d'épargne. Elles en conservent la libre disposition. De son côté, le Conseil d'Administration de la société verse au compte de chaque déposante, dans la mesure où les ressources de la société le permettent, une somme proportionnée à ses propres versements. Cette somme n'est point à la disposition de la déposante, mais lui est remise dans les trois cas suivants : mariage, établissement, entrée en religion. Dans ces trois cas, une prime extraordinaire peut lui être accordée, et encore dans un quatrième cas qui ne se présentera pas de sitôt : celui où après vingt ans de présence à la société, la déposante verserait le montant de son compte d'épargne et de ses primes annuelles à la Caisse nationale des retraites pour se constituer une rente viagère. On voit que les avantages assurés aux participantes, en échange de leur modique cotisation de dix-huit francs. sont considérables. Voyons quelles sont les dépenses, que les obligations contractées par la société entraînent pour elle et les ressources au moyen desquelles elle y fait face.

D'après le dernier bilan de la société dont

je puis, pour cause, certifier la parfaite exactitude, les dépenses de l'année 1898 se sont élevées 14 297 francs. Dans ces dépenses les frais médicaux figurent pour 1 200 francs, les frais pharmaceutiques pour 845. Les autres dépenses sont occasionnées par les indemnités en argent, les frais de loyer, de gestion, etc. Les recettes ont été de 15 263 francs. Elles se décomposent ainsi : recettes provenant des membres honoraires, 13 625 francs ; recettes provenant des participantes, 1 471. Les recettes provenant des participantes n'auraient donc pas suffi à faire face aux frais médicaux et pharmaceutiques. Si la société vit et même si elle est prospère, c'est uniquement parce qu'elle compte à peu près trois membres honoraires pour une participante. C'est là une constatation toute à l'honneur des membres honoraires, mais il me paraît difficile d'en tirer argument pour démontrer la toute-puissance de la mutualité.

On pourrait objecter que *la Parisienne* est moins une société de secours mutuels qu'une famille, et que cette famille s'impose pour ses enfants des dépenses un peu excessives. Il y aurait du vrai. Prenons donc une autre société qui, celle-là, présente uniquement les caractères de la mutualité : *la Couturière*. Cette société a dix-huit années d'existence et doit son origine au fils d'un homme qui s'est rendu célèbre sous le second Empire pour avoir exercé avec un succès éclatant une profession nouvelle : celle de *couturier*. La grande situation occupée dans l'industrie de la toilette par le fondateur de *la Couturière*, l'appui que lui ont prêté les pouvoirs publics, la générosité dont lui-même a fait preuve ont permis à cette société cadette non seulement de rejoindre mais de dépasser son aînée. Son personnel est plus nombreux; son organisation plus complète. Elle compte à son service trente-deux médecins et plusieurs pharmaciens dans chacun des arrondissements de Paris. Les avantages qu'elle assure sont les mêmes que ceux de son émule : soins médicaux, frais funéraires. Elle n'a pas cru pouvoir entrer dans la voie des retraites; mais, à toute sociétaire qui accouche, elle alloue une somme de cinquante francs sous la condition qu'elle restera quatre semaines sans travailler, et elle ajoute une prime de vingt-cinq francs, si la mère allaite elle-même son enfant. Tout cela est excellent; voyons ce que cela coûte et comment il est fait face aux dépenses.

Les dépenses de *la Couturière* se sont élevées en 1898 à 37 428 fr. 20, ainsi divisés: frais de gestion, 8 158 fr. 70; frais médicaux, frais funéraires et secours, 21 843 francs. En regard, nous trouvons 36 081 fr. 75 de recettes, qui, au point de vue des origines, se décomposent ainsi: intérêts des fonds placés, 5 246 fr. 45; cotisations des membres honoraires, 4 110 francs; cotisations des sociétaires participantes, 25 908 francs. Les dépenses étant de 37 428 francs, le déficit est de 1 400 francs en chiffres ronds. Il s'élèverait à plus de 10 000 francs sans les cotisations des membres honoraires et les intérêts des fonds placés, qui proviennent de libéralités antérieures. Notons cependant que, dans cette société, la cotisation des participantes suffit à faire face aux frais médicaux et indemnités. Mais pour arriver à ce résultat satisfaisant, *la Couturière* est obligée de demander à ses participantes une cotisation de 25 francs. Le chiffre est élevé, supérieur de 9 francs à la moyenne générale de Paris, qui est, on se le rappelle, de 16 francs. Les sociétaires de *la Couturière* peuvent payer cette cotisation, parce qu'elles appartiennent presque toutes à la catégorie privilégiée des ouvrières de la grande couture qui travaillent dans les maisons de la rue de la Paix ou des environs du boulevard, qui touchent des salaires élevés et souffrent peu du chômage. L'œuvre est excellente, bien administrée, mais elle ne se tire d'affaire qu'en faisant tous les ans appel à la charité, sous la forme d'un concert ou d'un bal.

C'est à une catégorie beaucoup plus modeste d'ouvrières que s'est proposé de venir en aide la *Mutualité maternelle*. Cette société, beaucoup plus récente, doit sa création à un homme dont le nom est non moins honorablement et anciennement connu que celui du fondateur de *la Couturière*. Son dévouement a trouvé de précieux concours non pas seulement chez ses rivaux et rivales du monde de la grande couture, mais auprès des diverses chambres syndicales qui tiennent de plus ou moins près à l'industrie de l'habillement et de la toilette, chambres de la confection et de la couture, des dentelles et broderies, de la passementerie, des corsets, etc... Il y a là un fait intéressant à noter qui montre que les patrons, sans y prêter autant d'attention qu'il le faudrait, ne se désintéressent pas aussi complètement qu'on les en accuse de la condition du nombreux personnel qu'ils emploient.

Quant au but poursuivi par la société, le nom seul, heureusement choisi, suffit à l'indiquer : c'est de créer entre les mères de famille une assurance mutuelle dont elles recueillent le bénéfice au moment de leurs couches. Aux termes des statuts, les membres *participantes* de la société ont droit à une indemnité de douze francs par semaine, pendant les quatre semaines qui suivront leurs couches, et à une prime d'allaitement si elles allaitent elles-mêmes leur enfant. En échange de cette indemnité, les participantes prennent l'engagement de s'abstenir de tout travail pendant ces quatre semaines. La société poursuit ainsi un double but : l'un humanitaire, préserver la santé de la mère, l'autre, on peut le dire, patriotique, diminuer la mortalité des nouveau-nés. Avec raison, elle se fait gloire d'avoir ramené entre neuf et dix pour cent parmi ses sociétaires, le chiffre de la mortalité des nouveau-nés qui, à Paris, s'élève entre trente-cinq et quarante. C'est assurément un résultat considérable dont la société a le droit d'être fière.

Pour y arriver, elle est obligée de veiller avec grand soin sur ses participantes pendant les semaines qui suivent l'accouchement. Celles-ci pourraient être tentées, en effet, de se remettre au travail, et le chômage absolu est la condition de l'indemnité. Aussi l'allocation des trois premières semaines est-elle portée à domicile par des inspectrices qui s'assurent ainsi que la mère est bien à la maison. La quatrième au contraire est touchée au bureau de la société par la mère elle-même en même temps que la prime d'allaitement, si elle y a droit. Tout cela est parfait, et je n'aurais qu'à faire l'éloge de ses statuts, si je n'y trouvais une disposition ou plutôt l'absence d'une disposition qui, je l'avoue, m'étonne un peu, bien que ce silence des statuts sur ce point capital ait valu à la société certains éloges.

A l'une des premières assemblées générales de la *Mutualité maternelle* devant toutes les participantes réunies, M. Bassinet, vice-président du Conseil général de la Seine (du moins il l'était alors) a loué la société « de ne pas distinguer au point de vue de la maternité entre la jeune fille et la femme. » Je ne saurais partager sur ce point l'opinion de l'honorable M. Bassinet. Qu'on me comprenne bien. J'ose dire que je suis assez au courant des difficultés et des dangers de la vie populaire pour pousser très loin l'indulgence vis-à-vis de la fille séduite. Personne n'a plus en horreur que moi ce pharisaïsme impitoyable à la faute parce qu'elle est apparente, indulgent à l'adultère parce qu'il demeure caché. Mais n'est-ce pas cependant aller un peu loin, dans les statuts d'une société même charitable, que d'envisager la maternité légitime et la maternité illégitime absolument du même œil ; et cela surtout quand ce sont des patrons qui ont rédigé ces statuts. Ne craignent-ils pas d'encourager par là, dans ce monde spécial auquel ils s'adressent, une disposition qui, à Paris, n'est que trop fréquente chez l'ouvrier et surtout chez l'employé : le mépris du mariage et la glorification de l'union libre. Ne seraient-ils pas aussi, en y réfléchissant, un peu choqués à la pensée que le jour où l'une de leurs ouvrières penserait à se mal conduire, elle pourrait, venir tranquillement; au bureau de la *Mutualité maternelle* s'assurer contre les conséquences de sa faute. L'objection est, je le reconnais, plus théorique que pratique, car, en fait, d'après le dernier compte rendu, l'indemnité d'accouchement a été accordée à 470 femmes mariées et à 9 filles-mères seulement, la prévoyance n'étant pas la vertu dominante de ces dernières. Mais en doctrine elle n'en subsiste pas moins, et je me fais d'autant moins scrupule de signaler cette lacune des statuts qu'il serait très facile de concilier dans la pratique ce qui est dû aux exigences de l'humanité avec le respect d'une grande loi morale et sociale.

Aux termes desdits statuts, celles-là seules ont droit à l'indemnité d'accouchement qui se sont fait inscrire comme participantes à la *Mutualité maternelle* neuf mois au moins avant leurs couches, c'est-à-dire avant le début de leur grossesse, et qui ont payé leur cotisation de l'année. Dans la réalité, un grand nombre de femmes demandent à être inscrites et à payer leurs cotisations étant déjà enceintes. On les admet néanmoins, sauf à leur accorder une indemnité un peu moindre. Le compte rendu les appelle des participantes *extra-statutaires*. Le nombre de ces extra-statutaires tend d'année en année à l'emporter sur celui des statutaires : 455 extra-statutaires en 1897, contre 229 statutaires. Rien n'aurait été facile comme d'englober les filles-mères dans la catégorie des extra-statutaires. Tout serait ainsi concilié, et il n'y aurait pas lieu de faire aux statuts mêmes de la société une objection dans laquelle je persiste, dût-elle à certains yeux paraître un peu puritaine.

Statutaires ou extra-statutaires participent aux secours de la société moyennant une cotisation annuelle de trois francs. Ce chiffre est excessivement bas. Les fondateurs de la société l'ont fixé à ce taux, parce qu'ils ont voulu rendre la société accessible non pas seulement à l'ouvrière élégante, qui gagne quatre francs par jour ou plus, mais à la vraie ouvrière parisienne, à celle dont le salaire misérable oscille entre deux et trois francs, et encore à la condition qu'elle puisse donner toute sa journée au travail à l'atelier ou chez elle, et que, les soins du ménage absorbant une partie de son temps, elle n'en soit pas réduite à ne gagner que un franc ou soixante-quinze centimes par jour en travaillant aux pièces pour la confection. C'est à celles-là surtout qu'ils se sont proposé de venir en aide. Ils y ont réussi. Je m'en suis assuré en assistant dans les bureaux de la société au défilé de leur triste clientèle.

Une de ces femmes m'a particulièrement frappé par son air mélancolique et décent, alors qu'accablée sous le double fardeau de sa maternité et de sa misère elle écoutait les paroles consolantes de la directrice. Je consultai son dossier. Elle avait eu onze enfants, dont neuf étaient encore vivants. Mais celle-là était encore une heureuse, car le mari, mécanicien, gagnait six francs par jour. Une autre, qui avait à peu près autant d'enfants, était femme d'un terrassier qui ne gagnait que quatre francs cinquante. J'ai feuilleté d'autres dossiers encore, et partout j'ai pu trouver confirmation de ce fait dont la démographie pourrait bien faire une loi : que ceux-là ont le plus d'enfants qui ont le moins de ressources pour les élever. Quoi qu'il en soit, il est certain que la *Mutualité maternelle* rend de sérieux services à ses dix-sept cent cinq participantes ; mais leurs cotisations ne figurent que pour une faible part dans ses ressources. Ces cotisations ont produit en 1898 la somme de 5 184 francs. Les dépenses ont été en chiffres ronds de 45 000. Comment a-t-il été fait face à l'écart. D'abord, comme dans toutes les sociétés de secours mutuels, avec les cotisations des membres honoraires. Mais elles n'ont produit que 7 509 francs. Restait un écart de 32 500 francs à combler. Il a fallu avoir recours aux grands moyens, c'est-à-dire à une vente et à une tombola qui ont produit 33 500 francs. L'année précédente on avait eu recours à une loterie. A quoi aura-t-on recours l'année prochaine? Peut-être à un bal. Rien de mieux, mais peu à peu la *Mutualité maternelle* devient ainsi une société de bienfaisance vivant presque exclusivement de la charité publique, et se distinguant des autres par cette seule particularité qu'elle limite ses bienfaits à une catégorie d'assistées à qui elle demande de faire de leur côté acte de prévoyance. Ceci n'est pas une critique. Au contraire, c'est un éloge, car il y a là une forme nouvelle et très intelligente de la bienfaisance. Mais si j'avais entretenu, comme certains philantrophes, l'illusion de croire que la mutualité fût à elle seule, de force à parer aux épreuves féminines et en particulier à la plus fréquente de toutes, l'étude que j'ai faite des comptes de la *Mutualité maternelle* aurait suffi pour dissiper cette illusion.

III

LES CAISSES DE PRÊTS GRATUITS

Combien les trois sociétés dont je viens de parler comptent-elles de participantes. A s'en tenir aux indications données par le dernier rapport sur les sociétés de secours mutuels, leur nombre ne dépasserait pas 3 083. Depuis deux ans (et c'est là en soi-même un heureux symptôme) ce nombre s'est accru de quelques centaines. Mettons qu'il soit aujourd'hui en chiffres ronds de 3 200. A Paris, il n'existe pas, à ma connaissance, d'autres sociétés de secours mutuels composées uniquement de femmes, au moins dans le milieu des ouvrières proprement dites [1]. Or dans la seule industrie de l'habillement et de la toilette, le nombre des ouvrières, d'après le dernier dénombrement de la ville de Paris, s'élève à plus de trois cent mille (exactement 303771). On voit combien est faible, et, pour dire le mot, dérisoire, la proportion de celles qui participent aux bienfaits de la mutualité.

Cette faible proportion n'a pas, il faut le reconnaître, pour cause unique l'exiguïté du salaire féminin. Assurément il n'est pas facile à toutes les ouvrières de prélever sur leurs maigres gains les dix-huit ou les vingt-cinq francs nécessaires pour se faire inscrire à *la Parisienne* ou à *la Couturière*. L'inconstance d'humeur, la légèreté, ou des exigences déraisonnables entrent aussi pour partie dans ce défaut de prévoyance, et empêchent le nombre des mutualistes d'aller en se dé-

1. Je crois devoir en effet laisser de côté, comme se recrutant dans un monde différent, la Société de secours mutuels entre employées dans le commerce. Cette Société très florissante compte à elle seule 225 membres honoraires et 428 membres participants.

veloppant aussi rapidement qu'on le voudrait. Beaucoup ne font dans les sociétés de secours mutuels qu'un court passage. L'une cessera de payer sa cotisation parce que, s'étant trouvée sans place, la société qu'elle considérait comme un bureau de placement n'a pas réussi à lui en procurer une sur-le-champ; l'autre parce qu'une bouteille d'eau de Vichy par jour ne lui aura pas été accordée. Un atelier tout entier se retirera parce qu'une paire de lunettes aura été refusée à une camarade. D'autres n'ont figuré en quelque sorte que nommément sur la liste de la société. Le patron paie la cotisation de la première année. Quand la cotisation est retombée à leur charge, elles ont refusé de l'acquitter. Enfin un grand nombre ayant payé leur cotisation pendant deux ou trois ans, n'ayant jamais été malades, et se sentant bien portantes, trouvent qu'il est inutile de prélever plus longtemps sur leurs menus plaisirs, cette prime d'assurance, ce qui ne laisse comme participantes au compte de la société que les souffreteuses. Le personnel des ouvrières mutualistes n'est donc pas seulement très restreint : il est très mobile et on peut dire que dans ce jeune monde la prévoyance est la très rare exception. Ce qu'il faudrait pour attirer les jeunes filles vers les sociétés de secours mutuels (je dis à dessein les jeunes filles, car qui n'a pas pris des habitudes de prévoyance à vingt ans n'en prendra guère plus tard), ce serait de leur assurer d'autres avantages que les soins en cas de maladie et les frais funéraires. Quand on est très jeune, on ne pense guère ni à la maladie ni à la mort. Dans cet ordre d'idées, une création très heureuse a été les caisses de prêts gratuits.

L'idée de fonder pour les ouvrières qui sont dans un embarras momentané une caisse de prêts gratuits a été mise en pratique par le *Syndicat de l'Aiguille*. La caisse de prêts créée en 1893 par *le Syndicat de l'Aiguille* a été fondée au capital de cinq mille francs, versés exclusivement par des souscripteurs qui s'interdisaient d'y avoir recours. Ce n'est pas une caisse de crédit mutuel. Elle est administrée par six membres : deux patronnes, deux employées, deux ouvrières. En principe, les prêts ne sont consentis que pour six mois. Ils sont proportionnels au salaire de l'emprunteuse. Les résultats de l'expérience ont été excellents. Sur 17 840 francs de prêts que la caisse a consentis en dix ans, elle n'a éprouvé que 817 francs de perte. Mais ces prêts n'ont pas été consentis uniquement à des ouvrières. Un certain nombre de petites patronnes, membres du Syndicat, ont eu également recours à la caisse. Plus intéressante est donc l'expérience tentée par la *Couturière*.

Au mois de juillet 1897 la *Couturière* a fondé également une caisse de prêts gratuits en prélevant une somme de dix mille francs sur le produit d'une fête de bienfaisance. Aucune participante ne prend part à la gestion des fonds de cette caisse uniquement administrée par une délégation des membres honoraires. Bien que la caisse n'ait pas de statuts écrits, dans la pratique, le minimum des prêts est de 30 francs, le maximum de 200 francs, remboursables en un an au maximum par fraction de cinq francs au minimum. Dans les quinze premiers mois de son existence, la caisse a ainsi prêté 3172 francs à 24 sociétaires. Les motifs allégués à l'appui de la demande d'emprunt ont toujours été la nécessité de payer un terme échu, ou la crise résultant de la morte-saison. La forme donnée à l'emprunt est celle d'un billet à échéance, pour lequel, si l'ouvrière est mariée on demande l'aval du mari. Sur ces vingt-quatre billets, dix-neuf ont été totalement soldés à l'échéance ; quatre restés en souffrance ont fini par être payés. Un seul a occasionné une perte de trente francs. Un mauvais débiteur sur vingt-quatre, et surtout une perte de trente francs sur 3172 francs, c'est là une proportion dont se contenterait, je crois, une société d'escompte. La tentative a donc pleinement réussi, et elle a montré que ces petites ouvrières, à l'air si léger, avaient leur honneur, que leur signature était bonne, et qu'elles n'étaient incapables ni de fidélité dans leurs engagements, ni de régularité dans leurs payements [1] L'idée est lancée; elle fera son chemin.

Il y aurait encore un autre moyen de faire apparaître la société de secours mutuels aux yeux de la jeune ouvrière sous un autre aspect que celui d'un médecin ou d'un croque-mort. Ce serait que le siège social de la société fût en même temps pour les adhérentes un lieu de réunion où elles pourraient se retrouver le soir et le dimanche. Les Sœurs de Villepinte ont bien fait quelque chose comme cela, en ouvrant aux participantes de la *Parisienne*, leur maison et leur jardin de la rue de Maubeuge. Mais qu'est-ce qu'une maison dans ce vaste Paris ? Je voudrais voir,

1. Une caisse de prêts, au capital de 5 000 francs a été fondée récemment par le conseil d'administration de *la Parisienne*. Dans l'espace de six mois, il n'a été emprunté à cette caisse qu'une très faible somme. Cette discrétion montre combien scrupuleuses ces jeunes filles se montrent dans leurs emprunts. Elles ne font appel à la caisse qu'à la dernière extrémité.

dans presque tous les quartiers, des lieux de réunion ouverts, moyennant une très légère cotisation, aux jeunes filles qui vivent du travail de leurs doigts, pendant les heures de liberté dont elles disposent. Les patronages et les Œuvres de bonne garde qui existent dans beaucoup de maisons de Sœurs répondent en partie à cette pensée. Si les congrégations voulaient entrer résolument dans cette voie, et rattacher les uns aux autres tous les membres de ces patronages par le lien d'une société de secours mutuels, elles rendraient un singulier service à ce jeune monde sur lequel elles exercent une si heureuse influence en l'habituant à la prévoyance. Pour étendre leur action, une condition serait cependant nécessaire : il faudrait absolument qu'elles eussent le bon esprit de séculariser un peu leurs procédés, et de ne pas se montrer trop exigeantes vis-à-vis de ces jeunes filles, comme pratiques de piété. A quoi bon exiger d'elles qu'elles assistent tous les dimanches aux vêpres, quand les jeunes filles du monde n'y vont guère. La messe suffit.

Tout cela, objectera-t-on, est bien facile à dire. Mais comment les Sociétés de secours mutuels entre femmes pourront-elles arriver à constituer des caisses de prêts gratuits, ou à entretenir des lieux de réunion puisque vous dites vous-mêmes qu'elles ont déjà beaucoup de peine à faire face à leurs dépenses obligatoires. Comment ? D'une façon bien simple. Par la plus grande libéralité de leurs bienfaiteurs, et en particulier par l'augmentation du nombre de leurs membres honoraires. Telle est en effet la conclusion positive et pratique à laquelle je me proposais d'arriver. En entreprenant cette étude, et en démontrant l'impuissance de la mutualité entre femmes, réduite à ses propres forces, je n'ai point tendu à ce but de décourager le mouvement mutualiste en lui-même, et d'établir l'inanité de la prévoyance. Bien au contraire. J'ai voulu venir en aide, dans la modeste mesure de mes forces, à un nouvel ordre d'idées que je crois juste et qui pourrait se résumer en cette formule : *Aide-toi, la charité t'aidera.*

Associer la charité à la mutualité est une idée féconde. Avec ses seules ressources, la mutualité ne saurait en effet répondre à tous les besoins auxquels on lui demande de pourvoir. Il y faut encore adjoindre « cette charité surhumaine », dont, à un petit groupe des démocrates chrétiens, l'illustre prisonnier du Vatican rappelait naguère la nécessité, sans doute pour corriger quelques-unes des interprétations téméraires, auxquelles son Encyclique sur la condition des ouvriers a donné lieu. En tenant ce langage, il ne donnait pas seulement un haut enseignement moral ; il proclamait encore une vérité économique : sans la charité en particulier, la mutualité entre femmes ne saurait vivre. C'est là un fait qu'il était peut-être bon de mettre en lumière, non pour décourager la mutualité, mais pour encourager la charité.

Ajouterai-je que dans un temps où la division des esprits semble nous menacer de discordes civiles, cette association est un effort commun auquel on peut convier les esprits de bonne foi et les âmes de bonne volonté. Sur la liste des membres des sociétés de secours mutuels, participants ou honoraires, figurent à côté d'ouvriers et d'ouvrières, des noms catholiques, protestants, israélites qui se retrouvent en paix. Ainsi le terrain de la charité demeure le dernier refuge de ceux qui ne veulent point connaître la haine. Il se pourrait que ceux-là devinssent un jour le noyau d'un parti vraiment national.

APPENDICE

LES PETITES TUBERCULEUSES

Parmi les misères de femmes et surtout de jeunes filles, une de celles qu'on rencontre le plus fréquemment, c'est la tuberculose. On sait quelle vigoureuse lutte est engagée aujourd'hui de toute part contre ce fléau qui fait annuellement tant de victimes. C'est l'honneur de la charité privée d'avoir engagé la première cette lutte devant laquelle l'Assistance publique semblait reculer, dans deux établissements dont la création est presque contemporaine, celui de Villepinte pour les filles, celui d'Ormesson pour les garçons.

En 1893, le Comité de Villepinte me fit l'honneur de me charger du rapport aux souscripteurs. Je crois devoir joindre ici ce rapport. On y trouvera, en effet, sur ce côté douloureux de la vie des jeunes ouvrières à Paris, quelques détails qui ne paraîtront peut-être pas tout à fait dénués d'intérêt.

Éminence,

Mesdames,

Messieurs,

Permettez-moi de commencer par un aveu. Lorsqu'on est venu me demander de vous rendre compte, cette année, de votre exercice charitable, je n'ai pas très bien accueilli la proposition. J'ai allégué un discours que j'avais à prononcer ces jours derniers, un autre que je prépare peut-être, et j'ai dit non. Puis le remords m'est venu ; je me suis dit que les raisons que j'avais données pour refuser étaient au contraire celles qui auraient dû me faire accepter, et qu'ayant déjà dans ma vie prononcé beaucoup de paroles inutiles, il fallait, au contraire, saisir l'occasion de les racheter, s'il était vrai, comme on me l'assurait, qu'un rapport qui attirerait de nouveau l'attention sur cette œuvre si belle pourrait lui être de quelque utilité.

Telle est la raison, je serais presque tenté de dire l'excuse de ma présence ici, et je suis, veuillez le croire, Éminence [1], profondément honoré de me trouver associé, ne fut-ce que pour un instant, à l'une des œuvres que couvre de son patronage votre infatigable charité.

Ce qu'est cette œuvre de Villepinte, je n'ai pas besoin de vous le dire à vous, Mesdames et Messieurs, dont les libéralités la font vivre. Mais pour le cas où ce rapport passerait sous des yeux étrangers, laissez-moi le rappeler, d'autant plus que je pourrais peut-être dire avec plus de conviction qu'un autre, à quelles nécessités elle a répondu.

Dans une pensée d'études qu'il ne m'a pas été malheureusement possible de poursuivre, j'ai eu, en effet, l'occasion, il y a quelques années, d'assister parfois à la consultation qui précède l'admission des malades, soit au bureau central, soit dans les grands hôpitaux, et il m'est arrivé d'être témoin du spectacle que je vais dire.

1. La séance était présidée par l'archevêque de Paris.

Un malade se présente, homme ou femme, jeune homme ou jeune fille. Il a la poitrine étroite, les pommettes rouges, les yeux creux et brillants. Il se plaint de douleurs dans les côtes, de toux incessante, dc transpiration la nuit. Le médecin lui fait quelques questions, l'ausculte rapidement, et lui dit : « Ce n'est rien, c'est un peu de bronchite, cela passera. » Le malade insiste ; il y a longtemps qu'il tousse ; il voudrait entrer à l'hôpital pour qu'on le guérisse. « Je vous dis que ce n'est rien, répète le médecin ; cela passera avec le printemps » ou, si l'on est au printemps : « Cela passera avec l'été », et il renvoie définitivement le malheureux ou la malheureuse qui s'en va toussant et se lamentant. Quelques mois après, une année peut-être, le même malade revient : son teint est devenu terreux ; sa figure est décharnée ; ses yeux disparaissent dans leur orbite. Il se plaint toujours de tousser. Le médecin l'ausculte sommairement, et lui délivre, cette fois, un billet d'admission. Le malade s'en va content, au moins relativement. Il entre à l'hôpital ; quinze jours après il meurt.

Que s'est-il donc passé ? Le médecin s'est-il trompé dans son premier diagnostic ? Au contraire, il a eu raison ; mais il s'agissait d'un phtisique. Or, la science avait décidé, il y a quelques années du moins, que la phtisie à un certain degré n'est pas curable : l'Assistance publique a décidé de son côté que l'hôpital n'est fait que pour les maladies curables. Et voilà pourquoi il n'y a pas d'asile pour les phtisiques dans nos hôpitaux, à moins qu'ils ne soient arrivés à un degré où ils seraient exposés à mourir dans la rue. Alors pour épargner aux yeux des passants ce vilain spectacle, on leur accorde la faveur de mourir dans un lit.

Ce double arrêt, nous pouvons l'espérer du moins, n'est pas définitif. Déjà la science a révoqué le sien en doute. De nouveaux efforts sont faits : de nouveaux modes de traitement sont appliqués ; d'importants résultats ont été obtenus, et nous pouvons espérer qu'après avoir découvert la cause, le microbe, la science finira par découvrir aussi le remède, ce qui, je me hasarderai à le dire, serait aux yeux des malades bien plus intéressant encore. L'Assistance publique s'est émue également ; elle a compris qu'elle ne pouvait laisser avec indifférence mourir de la phtisie, dans la seule ville de Paris, plus de onze mille personnes par an. Des tentatives ont été faites, d'autres sont en projet, et l'on peut espérer que la France ne restera pas toujours en retard sur l'Angleterre et l'Allemagne, où il existe un si grand nombre d'asiles spéciaux pour les phtisiques. Mais il y a longtemps, Mesdames et Messieurs, que votre charité chrétienne n'a pas accepté ce double arrêt de la science et de la charité publique. Vous avez marché droit à la phtisie et vous avez entrepris de la guérir. Comme vous ne pouviez pas tout faire, là où il n'y avait encore rien de fait, vous vous êtes préoccupés d'abord de cette catégorie de malades qui tout à la fois sont les plus à plaindre et les plus susceptibles de guérison, les enfants et les jeunes filles.

J'ai dit les plus à plaindre. Certes, les malades sont à plaindre à tout âge et dans toutes conditions. Mais figurez-vous cependant quel trouble, quelle douleur, quelle amertume peut-être, les premières atteintes de ce terrible mal dont le nom seul effraye, apportent dans l'existence d'une jeune fille du peuple. Essayons, si vous le voulez bien, de nous représenter ce qu'avait été jusque-là cette modeste vie.

Jusqu'à douze ans, elle avait été à l'école des Sœurs. Elle avait été bien sage, et elle en était sortie après avoir fait sa première communion et obtenu son certificat d'études. Elle était entrée en apprentissage, et, pendant trois ans, elle avait travaillé pour sa nourriture ; puis elle avait commencé à gagner quarante sous par jour et à pouvoir s'entretenir elle-même. Enfin, elle avait passé à 3 fr. 50 c., car elle était bonne ouvrière, et, sur son salaire, elle pouvait remettre quelque chose au père qui ne gagne pas lourd et qui a encore des mioches à nourrir. Un jour, elle a attrapé un mauvais rhume ; elle a cru que cela passerait, et elle a continué à travailler sans se soigner. Le médecin, consulté au bout de quelque temps, a dit en hochant la tête que ce n'était pas bon, et qu'il fallait soigner ça. Il lui a donné quelques remèdes qui n'ont rien fait. A la fin elle s'est mise à tant tousser, et elle est devenue si ennuyeuse, qu'on l'a renvoyée de l'atelier où elle travaillait, et qu'elle a dû revenir à la maison. Voilà qu'au lieu de rapporter, elle coûte maintenant. La mère pleure ; le père ne dit rien, mais elle voit bien qu'il n'est pas content. Les remèdes coûtent cher, et par sa faute la misère entre dans le pauvre ménage. Et elle n'est plus bonne à rien maintenant : elle se sent faible, faible, et elle a peur de mourir. Qu'est-ce qu'elle a fait au bon Dieu pour que tant de malheurs lui arrivent ? car elle n'avait rien à se reprocher, et personne ne pouvait dire quelques chose sur elle. Joignez à toutes ces causes de tristesse et d'amertume, peut-être quelque honnête projet d'avenir déçu, quelque rêve d'amour envolé, et vous devinerez à quel degré de tristesse morale ce jeune être en est réduit, et ce que ces yeux de vingt ans ont déjà pu verser de larmes.

C'est à ces jeunes filles que s'adresse votre œuvre. A quelle misère vous les arrachez parfois, il me suffira pour en donner une idée de dire que, cette année, une de vos dames visiteuses en trouvait une dans une arrière-loge de concierge, couchée dans un hamac. Mais vous n'attendez pas pour les recueillir qu'elles en soient arrivées à cet état que j'ai décrit, car votre préoccupation est au contraire de prendre la phtisie à ses débuts, et quand vous le pouvez, de la prévenir. Votre bureau de consultation de la rue de la Tour-d'Auvergne vous sert à cela. J'ai assisté à cette consultation. J'y ai vu défiler bien des misères que vous soulagez accessoirement, mais je sais qu'il ne faut pas le dire trop haut, car si le bruit venait à se répandre que vous donnez des remèdes gratuits à bien des malades qui ne sont pas phtisiques, vous verriez bientôt affluer chez vous le tout-Paris des pauvres. Je veux raconter cependant un petit fait dont j'ai été témoin. Une jeune fille s'est présentée avec une lettre de recommandation d'un pharmacien, et voici ce que disait cette lettre; je transcris littéralement : « Je vous envoie une pauvre et intéressante malade. Sa mère est paralysée et soignée par une enfant qui gagne cinquante centimes par jour, sur lesquels il faut nourrir trois personnes. C'est la jeune fille la plus sage et la plus honnête qu'on puisse trouver. Toutes ses pensées étaient pour sa mère à laquelle elle envoyait tous ses gages. Aujourd'hui encore elle voudrait gagner de l'argent pour aider sa mère et sa sœur. » Je regardais la jeune fille. Elle avait une jolie robe, un chapeau à plume et des frisons un peu exagérés. Rien n'indiquait ni tant de misère, ni tant de vertu, et je me suis dit une fois de plus qu'à Paris, en particulier, il ne faut juger les jeunes filles, ni sur l'apparence, ni sur les frisons. Inutile de dire qu'elle a été admise.

Hélas admise! J'ai tort; c'est inscrite qu'il faudrait dire, car c'est là une de vos douleurs; vous en êtes réduites à avoir, comme les hospices de Paris, votre liste d'expectantes : douze places pour quarante-six demandes. Tel est le dernier état des choses qui m'a été indiqué, et je l'indique à mon tour. Si quelqu'un était en peine de placer son argent, à bon entendeur demi-mot suffit.

Où vous conduisez ces jeunes filles, que vous

admettez à la consultation, je n'ai pas besoin de le dire ni pour vous, Mesdames et Messieurs qui connaissez l'œuvre mieux que moi, ni pour ceux sous les yeux desquels ce rapport pourrait passer. Mon éminent confrère, M. Maxime du Camp, a décrit l'établissement même de Villepinte, mieux que je ne pourrais jamais le faire. Je ne vous parlerai donc ni du vieux château, ni des bâtiments nouveaux, ni du parc et de ses grands arbres. Nous ne sommes pas ici pour faire du paysage. Mais je voudrais vous faire part de l'impression que j'ai ressentie. Ce qui m'a le plus frappé, c'est l'art avec lequel vous avez su combiner et concilier les règles de deux sciences qui ne sont pas toujours d'accord, l'hygiène et la charité, car la charité est aussi une science. Voici comment je l'entends.

Un des inconvénients des hôpitaux spéciaux pour certaines affections, c'est celui, non pas précisément de la contagion, mais de l'aggravation du mal par la réunion de malades inégalement atteints. Le danger est sérieux et bien connu; vous y avez pourvu, et vous avez divisé vos pensionnaires en cinq catégories. D'abord les enfants, que vous prenez depuis quatre ans, pauvres petits êtres nés de parents contaminés, parfois orphelins et derniers survivants d'une famille dévastée. Je crois voir encore d'ici une petite de quatre ans, avec de grands yeux noirs au milieu d'un visage pâle, qui reste seule de quatre frères et sœurs enlevés. La préserverez-vous ? Vous l'espérez, et en tout cas vous en préserverez bien d'autres, car vous avez confiance pour elles dans les conditions de bon air et de bonne nourriture où vous les mettez. Laissées dans un pauvre intérieur, mal soignées, mal nourries, ces enfants n'auraient pas échappé au mal. Grâce à vous, elles ne seront même pas atteintes, et vers quatorze ou quinze ans, quand leur organisme se sera fortifié, et qu'elles auront échappé à la menace qui planait sur leurs têtes, vous les rendrez à la vie commune, aptes au travail. A ce point de vue, je voudrais qu'il vous fût possible de les y préparer davantage, en fortifiant l'instruction primaire que vous leur donnez déjà, et en y ajoutant une sorte d'instruction professionnelle. Je sais que ce n'est pas chose facile, mais c'est là un progrès d'avenir que vous réaliserez sans doute.

Vous avez ensuite une autre catégorie, celle des anémiques. La science les désigne d'un nom singulier : elle les appelle des candidates à la phtisie : peut-être n'a-t-elle pas tort. Les femmes de nos jours s'avisent d'être candidates à tant de choses. Mais vous faites tout votre possible pour faire échouer ces candidatures, et vous y réussissez. Ces spécifiques dont je parlais tout à l'heure, le bon air, la bonne nourriture suffisent encore : c'est de cela surtout qu'elles avaient besoin, et c'est cela que leurs familles ne pouvaient pas leur procurer. Vous les arrachez à la misère physiologique qui prépare la route à la phtisie, et au bout d'un séjour plus ou moins long, vous les renvoyez non pas guéries, puisqu'elles n'étaient pas malades, mais fortifiées et préservées. Vous ne pouvez obtenir ce résultat qu'au prix d'une exacte séparation entre les anémiques et les phtisiques proprement dites, et ces divisions multiples sont une des grandes difficultées de votre œuvre, car vous divisez également vos phtisiques en trois catégories : celles qui ne sont que légèrement atteintes, et ce sont, Dieu merci, les plus nombreuses ; celles dont l'état inspire déjà des préoccupations sérieuses ; celles enfin dont la science humaine désespère et dont on ne peut plus demander le salut qu'à une de ces intercessions divines dont votre foi ne désespère jamais.

A aucun prix il ne faut que ces trois catégories soient mélangées avec les autres. Surtout pas la première avec la seconde et la troisième. C'est une règle d'hygiène, et vous l'observez exactement. Mais c'est aussi une règle de charité, et c'est là ce que j'entendais tout à l'heure en vous disant que vous savez combiner l'hygiène et la charité. Ces jeunes filles que vous recueillez, il ne faudrait pas croire en effet qu'elles se rendent à Villepinte avec gaieté. Villepinte! L'asile des poitrinaires. Ce mot sonne comme un glas funèbre à leurs jeunes oreilles. Si, à peine arrivées, vous les mettiez en présence de quelqu'un de ces tristes spectacles qui sont parfois le dénouement de la phtisie, l'ébranlement qu'elles en ressentiraient pourrait aggraver leur mal. A voir lentement dépérir sous leurs yeux quelques-unes de leurs compagnes, leur imagination se frapperait. Elles tomberaient dans la tristesse, et au lieu que la nature prît le dessus sur le mal, le mal prendrait le dessus sur la nature. Par une stricte séparation, vous leur évitez ce spectacle. Hygiène et charité, qu'on oppose parfois l'une à l'autre, sont donc ici d'accord; et combien y en a-t-il de ces oppositions apparentes qui se résolvent quand on sait s'y prendre, dans une harmonie supérieure.

Mais votre charité s'exerce encore autrement et vous me reprocheriez, Mesdames et Messieurs, de ne pas dire ici quels admirables instruments elle trouve dans les Sœurs de Marie-Auxiliatrice. Bien des fois on a fait dans ces derniers temps le parallèle entre l'infirmière laïque et l'infirmière congréganiste. Ce parallèle, je n'essayerai pas de le refaire ici; j'aurais peur de ne pas y apporter assez d'impartialité. Je reconnais cependant qu'à force de suivre des cours, les infirmières laïques peuvent acquérir dans l'art des pansements antiseptiques des connaissances qui égalent celles des congréganistes, et que quelques-unes peuvent même apporter dans l'accomplissement de leurs pénibles fonctions un véritable esprit de charité, car toute femme naît charitable; mais à côté du soin des corps, il y a aussi le soin des âmes. C'est là votre domaine, mes Sœurs, et de ce domaine-là personne ne vous expulsera jamais. Ces corps malades qui viennent à vous contiennent souvent des âmes blessées. De la vie elles ont connu les mécomptes, les tristesses, peut-être les défaillances, car à aucune de celles que vous recevez vous ne demandez compte de son passé. Pour panser leurs plaies saignantes, il n'y a pas de mains dont la délicatesse vaille les vôtres, et si vous ne guérissez pas toujours les corps, vous guérissez toujours les âmes. Vous savez l'art de les soulager en les purifiant, et s'il leur faut quitter la terre, vous leur apprenez du moins à diriger leurs derniers regards vers cette région où montent les plaintes et les prières d'ici-bas, et d'où descend en retour la paix d'en haut.

Je ne voudrais pas cependant donner à croire qu'on ne vient à Villepinte que pour y bien mourir. On y vient aussi pour guérir. Sur 4 458 malades que vous avez soignées pendant douze ans, vous en avez guéri ou grandement amélioré les trois quarts, et vous n'avez eu que 375 décès, alors que vous avez admis 395 phtisiques au troisième degré. Votre dévoué médecin, le Dr Gouël, me pardonnera d'anticiper ainsi sur son rapport pour proclamer ce résultat glorieux.

Mais voilà bien assez longtemps, Mesdames et Messieurs, que je vous entretiens de choses dont je n'avais point à vous parler, car j'aurais dû tout simplement me borner à vous rendre compte de votre dernier exercice. Cet exercice a été marqué par un événement important : l'inauguration de la nouvelle chapelle. Certes, il y avait déjà une chapelle à Villepinte. Comment se figurer des malades et des sœurs sans une chapelle ? Où les unes iraient-elles demander la résignation et les autres la force, si ce n'est aux pieds de Celui qui dispense à son gré la résignation et la force.

Mais elle était bien humble, bien petite, et puis, elle occupait des locaux dont vous aviez besoin pour réaliser d'une façon plus complète encore la séparation entre les différentes catégories de malades. Vous reculiez encore devant la dépense, lorsque l'année dernière vous avez appris qu'un legs de 50 000 francs vous avait été laissé par un jeune homme, M. Finance, qui avait partagé sa fortune, en mourant, entre un grand nombre d'œuvres charitables. Vous vous êtes crus riches, et vous vous êtes immédiatement mis à l'œuvre. Mais permettez-moi de vous faire observer combien vous avez été imprudents, et de mettre votre imprévoyance en parallèle avec la sagesse dont a fait preuve une autre société que je connais bien, la Société de Protection des Alsaciens-Lorrains demeurés Français. Elle aussi avait été comprise dans le testament de M. Finance pour une somme importante, mais connaissant la sage lenteur de l'administration française, elle attend encore et elle n'a rien fait. Vous, vous avez été de l'avant; mais pas plus que nous, Alsaciens-Lorrains, vous n'avez touché votre legs. Aussi votre chapelle construite, étiez-vous fort en peine pour payer la dépense des constructions nouvelles, lorsque, inopinément, vous avez reçu un don anonyme, précisément de même somme que le legs sur lequel vous comptiez. Vous voilà donc hors d'affaire, et une fois de plus l'expérience a montré que si les enfants du siècle sont plus sages, pour parler comme l'Écriture, que les enfants de lumière, bien souvent l'imprévoyance des enfants de lumière est plus sage que la sagesse des enfants du siècle.

La nouvelle chapelle a été bénie le 15 décembre par Monseigneur l'évêque de Versailles. Un grand nombre de bienfaiteurs de l'œuvre ont assisté à cette inauguration. Ils ont pu admirer, comme je l'ai fait moi-même, la pureté du style roman qui a été choisi et le bon goût des décorations. Cependant bien des choses manquent encore à votre chapelle, mais je ne suis pas inquiet pour elle, et bientôt elle ne laissera rien à désirer au point de vue de la coquetterie. Pardon, mes Sœurs, de ce mot s'il vous semble trop profane, mais convenez que dans la parure de vos chapelles, vous apportez bien un peu de coquetterie.

La liste de vos anciens souscripteurs qui ont apporté autrefois ce que vous appelez, d'un nom heureux, une pierre, et qui ont renouvelé leur souscription cette année, est moins longue que l'année dernière : vingt-quatre au lieu de quarante-huit. En revanche, vous comptez un certain nombre de nouveaux souscripteurs, comme membres de l'œuvre. Leurs noms se trouveront à la fin de ce rapport. Vous avez reçu également des sommes importantes pour des fondations de lit et pour les besoins généraux de votre œuvre.

Voici au reste comment s'établit notre budget :

Recettes. . .	315 783 fr. 15
Dépenses . .	294 212 fr. 25

Au premier abord la situation paraît brillante. Mais au 1er mai dernier vous étiez en déficit de 32 520 francs, qu'il faut pour la balance ajouter à vos dépenses. En réalité, vous êtes donc en déficit de 11 950 francs. Pour une société financière, ce serait grave ; pour une société charitable, ce n'est rien. Le ciel y pourvoira.

Je viens, Mesdames et Messieurs, d'énumérer vos richesses. Mais, de ces richesses, la principale est, pour une œuvre comme la vôtre, les personnes qui s'y dévouent, et quand une de ces personnes vient à disparaître, sa mort creuse un déficit que rien ne peut combler. A ce point de vue, vous avez fait cette année plusieurs pertes irréparables. Entre autres celle de votre première Présidente Madame la Marquise de Beauvoir.

Ces disparus étaient pour vous des amis de la première heure qui, tantôt sous une forme, tantôt sous une autre, n'avaient jamais cessé de venir en aide à votre œuvre. Leur disparition a créé un vide de cœur et un autre. Le vide du cœur ne se comblera pas ; quant à l'autre, c'est comme votre déficit ; le ciel y pourvoira.

J'ai fini ma tâche, Mesdames et Messieurs, et j'ai à m'excuser de l'avoir remplie trop longuement. Mais en rappelant tout ce que fait votre œuvre, toutes les misères physiques qu'elle guérit, toutes les misères qu'elle soulage, j'ai voulu, moi aussi, apporter ma petite pierre, et si elle pouvait servir à consolider l'édifice, si en publiant (je dirai les choses avec une indiscrète netteté) que vous êtes en déficit de 11 000 francs et que vous n'avez que douze lits vacants pour quarante-six demandes d'admission, je pouvais provoquer quelque donation généreuse qui vînt vous mettre à l'aise, je suis certain que vous me pardonneriez la fatigue que je vous ai causée par d'inutiles redites, et, pour ma part, le peu de peine que j'ai pris recevrait bien au-delà sa récompense.

A titre de renseignement et pour démontrer une fois de plus l'inépuisable charité parisienne, j'ajouterai que le déficit signalé a été comblé bien vite. Il y a quelque temps, et par suite du développement incessant de l'Œuvre, un nouveau déficit, celui-là de trente mille francs, était signalé dans un rapport éloquent de mon confrère, M. Émile Ollivier. Il a été comblé le lendemain.

LE

ROLE ÉCONOMIQUE DE LA CHARITÉ

DISCOURS PRONONCÉ A L'ASSEMBLÉE GÉNÉRALE DES SOUSCRIPTEURS DE L'OFFICE CENTRAL DES ŒUVRES DE BIENFAISANCE *(le 5 juin 1899).*

Au cours de ces études, et à propos de l'utilité qu'il y aurait pour les patronages internes, œuvres de bonne garde, maisons de famille et autres institutions du même genre, à s'entendre entre elles, j'ai parlé [1] de l'*Office central des œuvres de bienfaisance*, qui peut, provisoirement et en attendant mieux, les y aider. Cette création récente de

1. Voir page 74.

l'initiative privée, qui me paraît appelée à rendre de grands services, n'est pas assez connue. Je crois donc de quelque utilité de reproduire ici une allocution que j'ai eu l'occasion d'adresser aux membres souscripteurs de l'Œuvre, au cours de l'année 1899, et où je me suis efforcé de mettre en lumière le rôle économique que la charité est appelée à jouer dans une société complexe.

MESDAMES, MESSIEURS,

J'aurais beaucoup souhaité que, pour prendre la parole dans cette séance, dont la présence d'un grand nombre de membres de la Société d'économie sociale rehausse l'éclat, l'Office central des institutions de bienfaisance eût fait choix, non seulement d'un plus éloquent (ce qui n'aurait pas été très difficile à trouver), mais aussi d'un plus impartial que moi. Je suis, en effet, en présence de cette difficulté d'appartenir, depuis sa création, au Comité d'administration de l'Office central, et ceci me gêne un peu pour dire tout ce que je pense de l'œuvre. Mais à cette objection que je lui faisais, notre Président a répondu que l'œuvre avait précisément besoin d'un témoin, pour rendre compte de ce qu'elle avait fait durant ces neuf années d'exercice. C'est dans ces conditions que j'ai accepté, et c'est donc comme témoin que je viens en quelque sorte déposer; témoin d'efforts et de succès dont j'ai été beaucoup moins le collaborateur que le spectateur. Mais c'est cela qui me permet de dire et d'affirmer, devant des hommes versés dans l'étude des questions sociales, que l'œuvre dont M. Léon Lefébure a été autrefois le créateur, et dont il est demeuré l'âme vivante, mérite d'occuper parmi les œuvres de l'initiative privée une place prépondérante, et qu'il a droit pour cette création à la reconnaissance de tous ceux qui ont à cœur la grande cause du bien social.

A cette affirmation il me semble vous entendre répondre tout bas : — « Les voilà bien ces fondateurs et ces administrateurs d'œuvre ! Ils sont tous les mêmes. Celle à laquelle ils appartiennent est la plus intéressante de toutes : les autres ne sont rien à côté. L'Office central des institutions de bienfaisance est assurément une œuvre intéressante. Nous le croyons puisque nous en sommes souscripteurs ; mais c'est une œuvre comme bien d'autres, et il n'y a pas de raison pour en parler en termes aussi magnifiques. » Eh bien, Messieurs, je ne crois pas que l'Office central soit une œuvre comme bien d'autres. Je crois, au contraire, que cet office a un caractère unique : c'est d'être à la fois une œuvre charitable et un rouage social indispensable dans une société comme la nôtre. — C'est là ce qui distingue son action, et c'est ce que je vous demande la permission de mettre en lumière devant vous.

Si je voulais me borner à parler de l'Office central, comme œuvre charitable, il me serait facile de faire passer sous vos yeux un court résumé, en chiffres, de ce qu'il a fait depuis neuf ans. C'est beaucoup, en effet, pour une seule œuvre, d'avoir encaissé 2 349 253 francs de recettes d'origines diverses, mais qui ont toute une source unique, la charité, et d'avoir fait face à 2 207 421 francs de dépenses qui ont eu également, directement ou indirectement, la charité pour but. C'est beaucoup d'avoir, durant ce même laps de temps, su rendre service, sous des formes variées, à 135 522 personnes, en particulier d'avoir obtenu pour 43 276 malheureux, l'assistance de diverses sociétés charitables ; procuré des secours ou du travail à 43 148 autres, placé 4 006 orphelins, 2 535 vieillards et rapatrié dans leurs pays d'origine, où ils étaient assurés de trouver du travail, 10 348 provinciaux qui, attirés par les mirages de la grande ville, étaient venus échouer à Paris.

C'est beaucoup d'avoir encouragé, favorisé, dirigé, la création et le développement d'œuvres comme l'Hospitalité du travail de l'avenue de Versailles, qui, depuis son origine, a reçu 8 710 hommes, 46 025 femmes, et celle des Mères de famille qui a fourni dans des temps de crise et de chômage à 4 557 femmes, le travail rémunéré qui les a empêchées peut-être de mourir de faim, et leur a distribué 280 087 francs de salaires.

C'est beaucoup enfin d'avoir préparé et mené à bien la publication de deux gros volumes que je veux saisir l'occasion de vous présenter. L'un s'appelle *Paris charitable et prévoyant*. Il est déjà d'apparence assez respectable comme vous voyez. Il a six cent quarante-quatre pages. L'autre s'appelle *la France charitable et prévoyante*. Il en a plus de quinze cents. Rassurez-vous je n'ai pas l'intention de vous en donner lecture. Et cependant, cette lecture serait à la fois instructive et consolante. Elle serait instructive, car, les œuvres les plus importantes ayant chacune leur notice historique, on y verrait par quelles vicissitudes ces œuvres ont passé; avec quelles difficultés leurs fondateurs ont été aux prises; avec quelle indomptable énergie ils en ont triomphé, et on y pourrait puiser d'utiles leçons de patience et de persévérance. Mais cette lecture serait consolante aussi, dans un temps où nous avons peut-être un peu besoin de consolations. On y verrait en effet combien depuis vingt ans en particulier, sur ce vieux sol de la France, que d'aucuns représentent comme épuisé, a été magnifique l'efflorescence de la charité, combien d'œuvres nouvelles y ont germé, combien à l'infinie variété des souffrances humaines d'ingénieux et multiples remèdes ont été trouvés. On y verrait surtout, dans ce moment spécialement douloureux que nous traversons, où les injures répondent aux injures et où s'entre-choquent des cris de haine, qu'il ne cesse pas d'y avoir en France une nombreuse et infatigable armée d'hommes de bien, étrangers à ces affreuses discordes, dont la bouche ne se résoudra jamais à proférer l'injure, ni le cœur à connaître la haine, et qui travaillent sans relâche et sans distinction de croyances au soulagement des misères humaines.

Eh bien, malgré que tout cela soit beaucoup, c'est peu cependant en comparaison de ce que l'Office central réalise chaque jour, par le seul fait de son existence, comme rouage social, car il est la traduction vivante et la mise en action quotidienne d'une idée juste. Or (vous me pardonnerez cette profession de foi idéaliste, dont la naïveté vous fera peut-être sourire), je suis de ceux qui croient que ce sont les idées qui mènent le monde, parfois, malheureusement, les idées fausses, plus souvent, Dieu merci, les idées généreuses et justes qui finissent par reprendre leur empire. Or, en créant l'Office central, M. Lefébure a mis en action une idée juste, et c'est cette idée juste que je voudrais, au risque de fatiguer un peu votre attention, développer devant vous.

Messieurs, bien que vous soyez tous des hommes graves, cependant presque tous vous devez fréquenter un peu le théâtre (qui ne va pas au théâtre de notre temps ?), et vous devez vous souvenir de cette scène d'une pièce célèbre où une jeune élégante résume en ces termes le sermon d'un prédicateur qu'elle vient d'entendre: « Il a parlé sur la charité et il a dit des choses tout à fait neuves. » — A-t-il dit qu'il ne fallait pas la faire ? demande un interlocuteur. — Eh bien ! ce qui, dans la pensée de l'auteur de cette pièce, un de mes plus illustres confrères, n'était, il y a quelque trente ans, qu'une boutade, a failli devenir, pendant un certain temps, une réalité. On disait qu'il ne fallait pas faire la charité, et cet *on* comprenait beaucoup de monde.

On, c'était d'abord toute une école de philosophes naturalistes qui, faisant aux sociétés humaines l'application des théories, ou plutôt des hypothèses les plus récentes de l'histoire naturelle, voulait appliquer à ses sociétés l'impitoyable loi de la lutte pour la vie et du progrès par l'écrasement des faibles. Au progrès ainsi entendu il est évident que la charité fait obstacle, puisqu'elle a précisément pour but de venir en aide aux faibles, et c'est bien la charité qu'Herbert Spencer entendait proscrire lorsqu'il écrivait cette phrase que je vous demande la permission de faire passer sous vos yeux : « La pauvreté des incapables, la détresse des imprudents, l'élimination des paresseux, et cette poussée des forts qui met de côté les faibles (admirez tous ces euphémismes) est le résultat nécessaire d'une loi générale, éclairée et bienfaisante. »

On, c'étaient les économistes qui n'ont pas moins bon cœur que d'autres, mais qui, sans avoir trop approfondi la matière, reprochaient en bloc à la charité d'encourager la paresse et l'imprévoyance. Si vives étaient leurs attaques, que l'un des plus illustres d'entre eux, lui-même homme excellent et charitable, n'hésitait pas, à l'Académie, en pleine séance des prix de vertu, à consacrer quatre pages de son discours, à médire de la charité, disant, par exemple, que « si elle rend les plus grands services à ceux qui l'exercent, l'effet en est quelquefois tout autre sur ceux qui en sont l'objet », qu' « elle a souvent créé plus de misères nouvelles qu'elle n'en a guéri d'anciennes », et l'engageant enfin « à être toujours modeste et à se présenter avec humilité ».

On, c'était enfin un petit groupe d'orateurs, d'écrivains et même de prédicateurs catholiques, qui, sans dire précisément qu'il ne fallait pas faire la charité (parlant au nom de l'Eglise, cela aurait été assez difficile à soutenir), la réduisaient cependant à un rôle modeste, ne l'appelant à l'aide que dans les cas désespérés, et proclamant que pour remédier à la plupart des maux dont souffre l'humanité, il suffisait de la justice sociale, sans qu'ils aient cependant réussi à énoncer bien clairement en quoi la justice sociale se distinguait de la justice sans épithète et surtout quelle en était la sanction.

Le péril que courait la charité était d'autant plus grand qu'il faut convenir qu'elle s'était mise un peu dans son tort. Avec les années (car la charité date de plus loin que l'économie politique et la justice sociale), elle était devenue, comme toutes les personnes âgées, un peu routinière. Je ne sais plus quel est celui de nos anciens rois, je crois que c'était un des premiers Capétiens, dont la chronique rapporte qu'il était grand aumônier. La charité croyait un peu trop qu'il lui suffisait d'être grande aumônière, et encore, ses aumônes, elle ne les distribuait pas toujours très bien. Elle était aussi un peu trop portée à croire qu'elle n'avait qu'à soulager les vieilles misères dont elle avait l'habitude, la maladie, l'abandon, le dénuement, et cela isolément, individuellement, suivant les vieilles méthodes et sans plan d'ensemble. Enfin elle ne songeait pas assez que la misère est souvent une conséquence et qu'il vaut mieux, dans certains cas, la prévenir que la soulager. Elle prêtait donc le flanc, je suis le premier à le reconnaître, à d'assez justes critiques, et elle passait, si vous voulez bien me permettre cette expression familière, un assez mauvais quart d'heure lorsque M. Lefébure lui est venu en aide.

Le 11 mars 1889, je signale cette date qui doit rester dans l'histoire économique de notre temps, M. Lefébure a convoqué un certain nombre de personnes compétentes à une conférence tenue sous le patronage de cette grande Société d'économie sociale, dont on peut dire, avec autant de vérité que de l'Office central, qu'elle a été une des créations les plus originales de notre temps, car elle aussi elle est l'incarnation d'une idée juste : je veux dire l'affranchissement de l'esprit français de certains principes faux et de certains dogmes tyranniques. Dans cette conférence, M. Lefébure a développé cette double thèse : d'abord qu'il fallait continuer à faire la charité, dont il a pris la défense avec toutes les ressources de son esprit et toute la chaleur de son cœur ; ensuite qu'il ne fallait pas se contenter de la faire suivant les caprices de sa sensibilité et les impulsions de son cœur, mais qu'il fallait la pratiquer avec méthode et réflexion, en un mot, la bien faire, et tout de suite il en a indiqué le moyen. Ce moyen, c'est l'information, c'est l'entente, c'est l'association, c'est en un mot la réunion en un faisceau de toutes les forces vives dont la charité peut disposer, au lieu de leur dispersion en efforts individuels, trop souvent infructueux. A ce besoin, à cette nécessité, répondait dans sa pensée la création d'un Office central des institutions de bienfaisance, destiné, non pas seulement à fournir des renseignements aux personnes charitables sur les solliciteurs qui s'adressent à elles (cela seul serait singulièrement utile), mais encore, et surtout, à servir de lien entre ces personnes et les œuvres auxquelles elles ont besoin d'avoir recours, entre ces œuvres elles-mêmes, qui trop souvent s'ignorent ou se font d'inutiles concurrences, à faire profiter les personnes qui se proposent de fonder des œuvres nouvelles, de l'expérience acquise ou à les informer des besoins existants, en un mot à faciliter, à coordonner, et quand cela serait nécessaire à rectifier l'action de la charité privée.

Comment, depuis neuf ans, l'Office central a rempli cette tâche, les chiffres que j'ai fait passer tout à l'heure sous vos yeux suffisent à l'attester, mais j'en puis donner encore une autre preuve. Toutes les fois qu'une idée est juste, et qu'une œuvre répond à un besoin, cette idée essaime en quelque sorte, et cette œuvre trouve des imitateurs. C'est le cas pour l'Office central. Il a été imité et il s'est prêté bien volontiers à l'imitation. Plusieurs grandes régions de la France, Marseille, Lyon, Bordeaux, Lille, Roubaix, Clermont-Ferrand, Nancy, sont dotées d'office, qui jouent dans ces régions le rôle que joue à Paris l'Office central. Qu'un pas de plus soit franchi; que, suivant le projet soumis par M. Lefébure aux Conseils généraux, la France soit divisée, librement et spontanément bien entendu, en un certain nombre de régions; que dans chacune de ces régions, un office central des institutions charitables soit fondé; que ces offices, ce qui sera bien facile, se relient entre eux, et la charité privée aura jeté sur la France un vaste réseau et sera dotée d'une organisation administrative et régulière. Je n'hésite pas à dire, Messieurs, que dans notre temps, aucun progrès social plus considérable n'aura été réalisé par l'initiative intelligente d'un seul homme.

Non pas, Messieurs, non pas que l'Office central des institutions charitables ait la prétention téméraire de substituer, à Paris ou ailleurs, son action à la charité individuelle et privée. Bien au contraire! Cette charité, parfois secrète et mystérieuse, qui va directement de l'homme à l'homme, du riche au pauvre, qui fournit au premier, non seulement un noble emploi de sa vie, mais encore et trop souvent une diversion à ses douleurs intimes; qui pour le second devient non seulement un appui matériel, mais une consolation morale, car elle lui fait connaître la douceur de la sympathie humaine, cette charité-là, vouloir y porter atteinte, ce serait presque un sacrilège! Ce n'est pas là ce qu'à l'Office central nous proposons. Mais, dans une société complexe comme la nôtre, la charité individuelle ne suffit pas; il faut que la charité collective intervienne, qu'elle ait une organisation permanente, des rouages qui fonctionnent sans temps d'arrêt. C'est, comme je vous le disais en commençant, un de ces rouages que nous nous proposons d'être, celui qui, dans un mécanisme compliqué, assure la régularité des mouvements, les relie, les coordonne, et empêche la déperdition des forces. Cette tâche, Messieurs, est à la fois modeste et grande; modeste, car elle ne parle point à l'imagination et n'émeut point les cœurs; grande, car elle permet à la charité de répondre victorieusement aux critiques qu'on a pu diriger contre elle et de jouer, dans nos sociétés modernes, le rôle économique qui lui appartient.

Le rôle économique de la charité. Cette association de mots peut vous paraître étrange, mais je tiens à m'en servir, parce qu'elle est, suivant moi, la formule de cette idée juste que représente précisément l'Office central. C'est en effet une erreur et un tort d'opposer l'une à l'autre l'économie politique et la charité, comme si elles se contredisaient. Elles se complètent au contraire et se confondent dans l'harmonie supérieure de l'économie sociale et de ce que nous aurions le droit d'appeler l'économie chrétienne. C'est malheureusement un de ces faits constants, universels, indéniables, dont l'économie politique est bien obligée de tenir compte, que dans les sociétés à organisation complexe il y a toujours un grand nombre de pauvres et de misérables. Sans doute on peut espérer une lente amélioration de la condition humaine qui diminuera, dans une certaine mesure, l'acuité de leurs souffrances. On peut compter sur une législation protectrice du travail, pour améliorer la condition des travailleurs, sous cette réserve, toutefois, que les auteurs de ces lois, par des dispositions maladroites, ne transformeront pas leurs protégés en victimes. On peut compter sur le développement de la prévoyance et de la mutualité, pour parer à la vieillesse et à la maladie, tout en reconnaissant qu'il y a telles catégories de salariés auxquelles l'épargne et l'assurance semblent bien difficiles. Mais il ne faut pas se dissimuler qu'il y aura toujours un certain nombre d'invalides, de mal doués, de malchanceux, d'imprévoyants même, qui végéteront dans la misère, sans parler de ceux que la maladie, l'accident, les révolutions économiques ou politiques, peuvent accidentellement y plonger. Vis-à-vis de ceux-là un devoir incombe à la société — remarquez que je ne dis pas à l'État — c'est de les secourir. Il n'y a que la charité qui puisse le faire. C'est là ce que j'appelais tout à l'heure son rôle économique, et je tiens que c'est rendre un véritable service social que de proclamer tout à la fois ce rôle, et de l'aider à le remplir. Or c'est là précisément ce que fait l'Office central, et c'est ce qui justifie l'éloge un peu hardi que je me suis permis de faire de cette Œuvre en commençant.

Comment la charité doit-elle remplir ce rôle ? Ne craignez pas, Messieurs, que j'allonge ce discours déjà trop long, en vous l'indiquant. Je ne voudrais ni fatiguer votre attention, ni surtout compromettre cette personne prudente, discrète et réservée qu'est l'Office central, en exposant sur ce point certaines idées qui sont miennes et pourraient vous paraître un peu hasardées. Je me bornerai, après avoir dit tant de bien de l'Office central, à lui adresser, en terminant, non pas un reproche, mais un vœu. C'est qu'il se montre désormais personne un peu moins prudente, discrète et réservée, qu'il ne l'a été jusqu'à présent. Je rêve en effet pour l'Office central des destinées plus hautes que d'être un bureau de renseignement pour les personnes charitables, un lien entre les œuvres et un rouage mis à la disposition de ceux qui veulent faire le bien. Je voudrais que, profitant de l'expérience acquise par neuf années de pratique, et de la haute compétence de quelques-uns de ses membres, il devînt pour les œuvres charitables, quelque chose d'analogue à ce qu'est, par exemple, pour les œuvres de prévoyance et de mutualité, une création récente, due à la libéralité d'un grand philanthrope. Il y a déjà un certain nombre d'instituts en France, depuis l'institut agronomique jusqu'à celui qui siège au bout du pont des Arts, et dont il n'y a point de procès à craindre pour concurrence déloyale. Pourquoi n'y en aurait-il pas un de plus : l'Institut charitable? Pourquoi l'Office central n'interviendrait-il pas, avec l'autorité qui lui appartient, par des mémoires, des conférences, des publications, dans la discussion des questions multiples qui intéressent l'exercice de la charité? Je voudrais le voir donner publiquement son avis sur ces matières quand il serait utile. Je voudrais, par exemple, le voir venir en aide, dans l'intérêt de la charité, à ceux qui réclament aujourd'hui la liberté d'association, cette liberté nécessaire, comme l'appelait si bien, dans un écrit tracé de sa main déjà mourante, un prince que j'ai beaucoup aimé, nécessaire à tous, mais à ceux-là surtout, qui se consacrent à la pratique de la charité. L'Office central s'honorerait en assumant le rôle de défenseur d'office des intérêts charitables, et il prendrait ainsi la part qui lui revient dans cet effort généreux pour soulager toutes les souffrances humaines qui sera l'honneur du siècle à son déclin.

S'il était permis de comparer la vie d'un siècle à celle d'un homme, je dirais que ce siècle, durant ses années de jeunesse, s'est enivré, comme il arrive souvent aux jeunes gens, de mouvement, de force et de gloire. Puis il s'est aperçu que la force, à elle seule, ne pouvait rien résoudre, et que la gloire avait de mélancoliques lendemains. Il s'est enivré alors d'idées pures, de doctrines, de liberté. Hélas! il faut reconnaître que la liberté ne lui a pas donné non plus tout ce qu'il en espérait, et, sans qu'il faille pour cela se dégoûter d'elle ni demander au despotisme ce qu'il serait encore plus incapable de donner, cependant, on ne saurait trop en vouloir à ce pauvre siècle fatigué, de se demander parfois s'il s'est trompé davantage en mettant sa confiance dans la force ou dans la liberté. Depuis quelques années un noble souci agite sa vieillesse : celui de diminuer la somme des souffrances humaines. Il ne désespère pas que le moyen n'en puisse être découvert, et, à la veille de fermer les yeux, il se flatte que le problème dont il aura préparé la solution sera résolu par son jeune héritier, par ce vingtième siècle qui se dresse déjà devant lui, plein de confiance et d'ardeur. Cet espoir suprême le console des amertumes de ses dernières années, et, pour emprunter une expression à un de mes confrères de l'Académie, qui sait mettre de la poésie et de l'imagination jusque dans le titre de ses livres, jette quelques reflets sur sa sombre route. Ne nous refusons pas, Messieurs, à partager cet espoir, et que ce soit l'honneur de la France du vingtième siècle, si le ciel doit rester obscur au-dessus de sa tête et sa route demeurer sombre, de la voir éclairée du moins par les reflets de la charité.

L'ÉMIGRATION DES FEMMES AUX COLONIES

La conférence de M. Chailley-Bert, dont il a été question au cours de ce volume, a eu lieu le 12 février 1897, sous les auspices de l'Union coloniale française, à la Société de Géographie.

Si je reproduis ici l'allocution dont elle a été précédée c'est que la question, très intéressante en elle-même de l'émigration des femmes aux colonies, y est traitée avec plus de détails que je n'ai pu le faire dans une étude plus générale.

Mesdames, Messieurs,

En acceptant de présider à cette conférence, j'ai demandé la permission de vous donner moi-même l'explication, et, pour me servir d'un mot plus approprié, l'excuse de ma présence à ce fauteuil où m'entourent tant d'hommes qui y seraient beaucoup mieux à leur place que moi. Tous, en effet, ils sont versés depuis longtemps dans l'étude des questions coloniales, tandis qu'à ces questions, je suis demeuré jusqu'à ce jour complètement étranger, et cela, parce que je ne pouvais m'empêcher de nourrir dans mon esprit récalcitrant quelques objections à l'opportunité d'une politique dont je ne méconnais pas la grandeur, dont je comprends les mirages, mais qui a détourné vers des régions, suivant moi trop éloignées, les yeux, l'imagination et lesressources de la France.

Cette réserve que m'arrache la sincérité une fois faite, il y a deux points sur lesquels je suis pleinement d'accord avec les organisateurs de cette réunion. Le premier, c'est que notre pays est aujourd'hui engagé trop avant dans cette voie pour qu'il lui soit possible de revenir en arrière.

Du moment que l'œuvre coloniale a été entreprise, il faut qu'elle réussisse. Il y va non seulement de l'intérêt, mais du bon renom et de l'honneur de la France.

Le second point sur lequel je suis d'accord, c'est que l'œuvre coloniale pour réussir doit être une œuvre nationale. J'entends par là qu'aucun bon citoyen n'en doit demeurer exclu en raison des opinions qu'il professe ou de l'habit qu'il porte, et que sur ces plages lointaines où la patrie absente n'est représentée que par un drapeau, il ne saurait plus être question de ces suspicions ni de ces intolérances qui tendent à faire d'un certain nombre de Français, non pas des émigrés, mais au contraire des proscrits à l'intérieur.

Je sais, Messieurs les membres de l'Union coloniale, que ces idées larges et libérales sont les vôtres, et vous avez voulu en témoigner publiquement en appelant à la présidence de cette réunion quelqu'un qui n'a pas craint, ces dernières années, de se compromettre par une politique un peu ardente, et qui, pour s'imposer aujourd'hui une certaine réserve, n'a point changé et ne changera jamais de conviction, ni d'espérances. C'était là de votre part une pensée délicate et patriotique à laquelle je me serais reproché de ne pas répondre en acceptant avec empressement l'offre dont vous m'avez honoré.

Quant à l'objet même de cette réunion, il suffisait qu'il dût être question de la condition des femmes pour qu'elle m'intéressât particulièrement. Je n'ai cependant aucun titre à être rangé dans la catégorie de ceux qu'on appelle d'un nom un peu barbare les *féministes*. Je tiens à le déclarer, non parce qu'à ce mot s'attache un certain ridicule, — je redirai en effet assez volontiers le mot si connu de Lacordaire : par la grâce de Dieu, je n'ai aucune peur du ridicule, — mais parce qu'à la cause des femmes, personne n'a fait, suivant moi, autant de mal que les *féministes*, et qu'à cette cause, je prends un grand intérêt. Je ne suis point partisan de ce qu'on appelle un peu pompeusement l'émancipation des femmes, mais je suis partisan de l'amélioration de leur condition sociale, dans la mesure du possible, et il faut reconnaître que cette condition est dure. Elle est dure, parce que si nos mœurs, nos relations, nos manières d'être avec elles sont grâce à Dieu pénétrées de ce que la morale chrétienne est venue ajouter aux traditions de la courtoisie germaine, en revanche notre législation tout entière est demeurée empreinte de l'autorité absolue que le droit romain conférait au père de famille, et que ni la personne, ni les droits, ni les biens de la femme ne sont l'objet d'une protection suffisante. Elle est dure, parce que l'âpreté de la concurrence vitale est cause que les hommes leur disputent de plus en plus les professions qui jusqu'à présent leur étaient réservées, tandis que ces mêmes hommes s'efforcent de leur interdire l'entrée de celles où elles feraient tout aussi bien qu'eux. Enfin, elle est devenue plus dure encore depuis quelques années à cause de la fausse impulsion qui a été donnée à leur éducation.

A force d'entendre vanter les bienfaits de l'instruction, beaucoup d'entre elles se sont figuré que l'instruction menait à tout et qu'il suffisait d'un certificat ou d'un brevet pour se tirer d'affaire dans la vie. Elles se sont ruées aux examens ; les unes y ont échoué, les autres y ont réussi, mais n'en sont pas beaucoup plus avancées pour cela. Vous n'ignorez pas en effet qu'il existe, en France, à l'heure qu'il est, un grand nombre d'institutrices sans élèves, d'employées sans emploi, de télégraphistes sans télégraphe, de téléphonistes sans téléphone, qui végètent sans gagne-pain et qui sont condamnées à d'autant plus dures misères que leurs rêves avaient été plus ambitieux. Ce ne sont pas des *déclas-*

sées, le mot serait injuste et dur. Ce sont des *non-classées*; mais les femmes *non-classées* sont toujours en péril de devenir des *déclassées*.

Or, ceux qui connaissent, comme M. Chailley-Bert, la situation de nos colonies, affirment que tandis qu'il y a chez nous, dans certaines professions, pléthore de femmes, il y a au contraire, disette de femmes là-bas. Ils affirment que beaucoup d'entre elles pourraient rencontrer, en Tunisie, à la Nonvelle-Calédonie, au Tonkin, les occasions de s'employer qui leur font défaut en France, et surtout qu'elles auraient la presque certitude de s'y établir honorablement, c'est-à-dire, pour parler clair, de se marier. En effet, d'après ce qui m'a été rapporté, sauf quelques exceptions très honorables, mais trop peu nombreuses, il n'existe quant à présent aux colonies que deux catégories de femmes bien distinctes : les femmes de fonctionnaires, épouses dévouées, admirables, mais qui généralement auraient souhaité de voir leur maris nommés partout ailleurs, et les divettes de café-concert qui, après avoir échoué d'abord à Paris, puis en province, ont avec trop de succès exporté leur répertoire là-bas. La catégorie intermédiaire, et en particulier celle des jeunes filles à marier, ferait presque totalement défaut.

Il y a bien aussi les congrégations. Il y a ces saintes filles qui vont partout où il y a quelque bien à faire, quelques misères à soulager, et dont la cornette, si bien portée, ne fait pas moins d'honneur à la France par delà les mers que le képi de nos petits soldats. Dieu sait si elles sont utiles là-bas! Mais si, lorsqu'il s'agit du soin des malades ou de l'éducation des enfants, les sœurs sont admirables, et peut-être irremplaçables, lorsqu'il s'agit du mariage ce n'est plus la même chose, et c'est décidément à des laïques qu'il faut s'adresser. Or, point de mariages, point de familles, et point de familles, point non plus de colonies d'avenir.

Dans ces excellentes maisons pour les jeunes ouvrières qui existent aux États-Unis, des matrones ou des hommes graves, des pasteurs, viennent parfois faire des conférences dont le sujet est celui-ci : *How to get a husband?* Comment se procurer un mari? Ce n'est pas exclusivement le sujet dont va vous entretenir M. Chailley-Bert, mais il vous parlera certainement du mariage aux colonies, et il aura raison, car le mariage est bien plus encore que l'école, le télégraphe ou le téléphone, la vraie carrière de la femme. Il vous dira tout cela avec une compétence, avec un charme, avec un esprit qui m'ont intéressé, séduit, convaincu, et qui vous intéresseront, vous séduiront, vous convaincront comme moi. Aussi, me hâterais-je de lui céder la parole si je ne voulais la garder encore un instant pour achever de marquer en quelques mots le caractère assez original de cette réunion.

Je sais, Messieurs, que dans le monde colonial l'Angleterre n'est pas très à la mode. Mais, en matière coloniale, il n'est pas mauvais de lui demander quelques leçons, et votre érudition n'a pas besoin que je lui rappelle la citation classique qui en donne le droit. Il y a quelques années, a paru en Angleterre, sous la signature d'un des principaux hommes d'Etat, un livre dont vous avez tous entendu parler, que beaucoup d'entre vous ont assurément lu et qui était intitulé : *Greater Britain*, l'Angleterre plus grande. Le titre était beau, Messieurs, et plus belle encore la pensée. Je veux la revendiquer pour nous et disputer cela du moins aux Anglais. La France plus grande : c'est là ce que nous voulons tous ; républicains, monarchistes, catholiques, protestants, esprits indifférents à toute croyance religieuse, c'est la pensée commune qui nous a réunis ce soir ; c'est le but auquel nous aspirons d'une ardente espérance, et c'est, pardonnez-moi de le dire en passant, une véritable souffrance pour certains hommes de ma génération que les circonstances ne leur permettent pas d'y travailler d'une façon plus efficace. Mais j'ai tort de laisser échapper ce regret. La grandeur de la France est en effet œuvre et chose trop complexes pour qu'il soit donné seulement à quelques privilégiés de la politique d'y contribuer. Chacun de nous, si étroite que soit la sphère où se meut son action, y peut quelque chose par la volonté persévérante et par l'effort soutenu dans l'accomplissement de sa modeste part du grand devoir social.

Vous croyez, Messieurs, d'une foi que j'envie, que l'expansion coloniale peut, je ne dirai pas faire oublier à la France les pertes qu'elle a faites — pas plus que moi, n'est-ce pas, vous ne voulez que la France oublie ? — mais les réparer en partie, et vous y travaillez. Vous avez raison. Vous croyez que, pour se développer dans des conditions de moralité et d'avenir, l'œuvre coloniale a besoin du concours des femmes. Vous vous proposez d'y travailler : vous avez raison. Vous croyez enfin que ma présence ici ce soir, et les quelques paroles que je viens de prononcer peuvent servir au succès de votre délicate entreprise. Sur ce point-là seulement, je crains que vous ne vous trompiez. Mais si vous avez encore raison, et si, par là, vous m'avez procuré l'occasion d'apporter ma toute petite pierre à l'édifice de la France plus grande, c'est moi qui suis votre obligé et je vous remercie.

FIN

TABLE

LES NON-CLASSÉES

ENTRE FEMMES

APPENDICE

Paris. — Imp. Vve Albouy. 75, avenue d'Italie.

DERNIÈRES PUBLICATIONS

Format grand in-18 à 3 fr. 50 le volume.

	vol.
AUTEUR DE « AMITIÉ AMOUREUSE »	
L'Amour est mon péché...	1
RENÉ BAZIN	
Croquis de France et d'Orient................	1
TH. BENTZON	
Nouvelle-France et Nouvelle-Angleterre.........	1
SIMON BOUBÉE	
La Dame aux Rubans Rouges.................	1
BRADA	
Une Impasse............	1
DENYS COCHIN	
Contre les Barbares.......	1
MARY-JAMES DARMESTETER	
La Reine de Navarre	1
Mme OCTAVE FEUILLET	
Une Divorcée	1
MARY FLORAN	
La Plus riche......... ..	1
ANATOLE FRANCE	
L'Anneau d'améthyste....	1
GYP	
Monsieur de Folleuil	1
MYRIAM HARRY	
Passage de Bédouins	1
VICTOR HUGO	
Choses vues (*Nouvelle série*)	1
HENRI LAVEDAN	
Nocturnes	1
HUGUES LE ROUX	
Le Bilan du divorce......	1
EUGÈNE LE ROY	
Jacquou le Croquant	1
PIERRE LOTI	
Reflets sur la sombre route	1
J. MICHELET	
La Terreur..........	1
PIERRE DE NOLHAC	
La Reine Marie-Antoinette...................	1
RICHARD O'MONROY	
Marcheurs et Marcheuses.	1
F.-T. PERRENS	
Les Libertins en France au XVIIe siècle.	1
PAUL SAMY	
Chagrin d'aimer..........	1
MATHILDE SERAO	
Sentinelles, prenez garde à vous !.	1
LÉON DE TINSEAU	
Mensonge blanc..........	1
J.-J. WEISS	
Molière	1

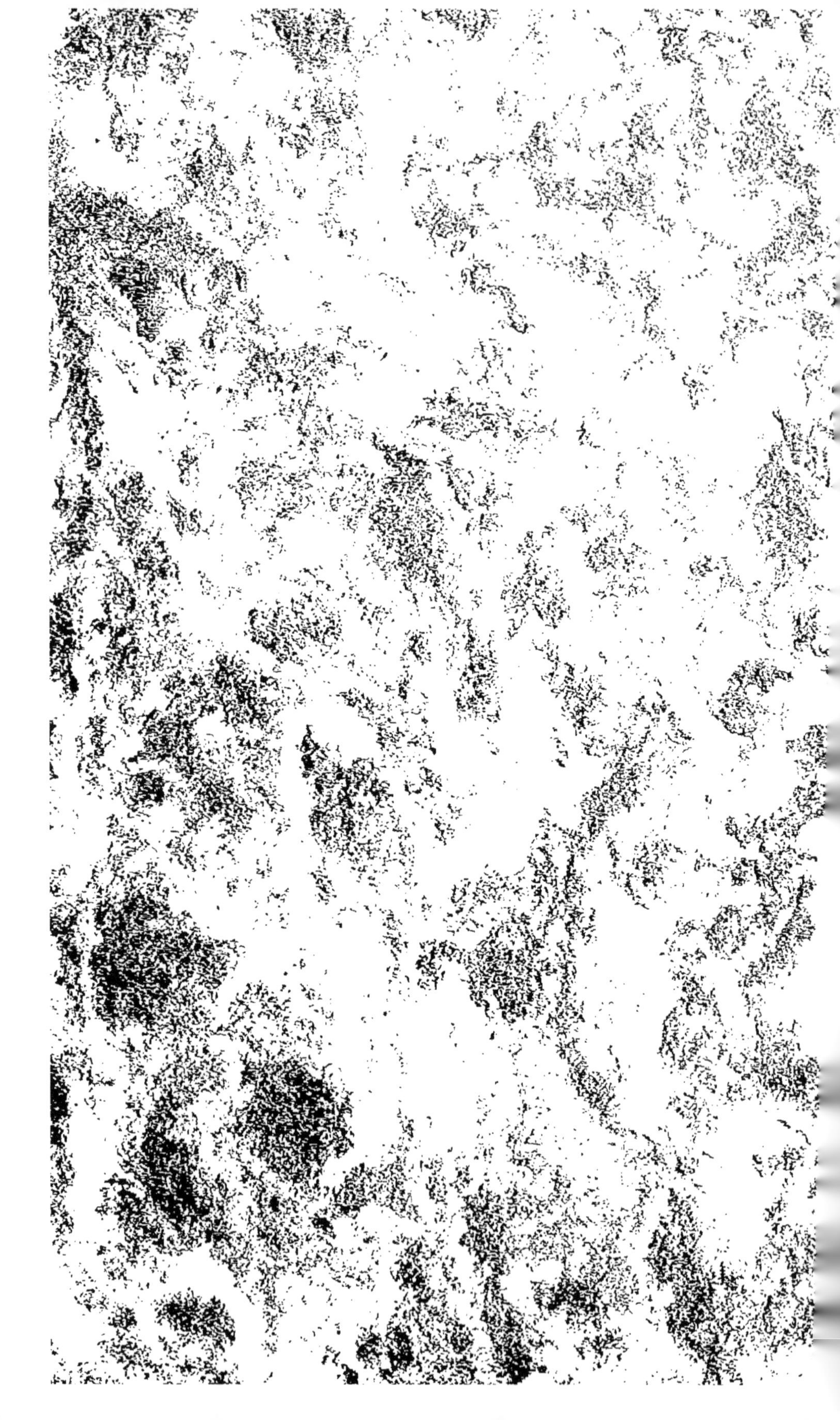

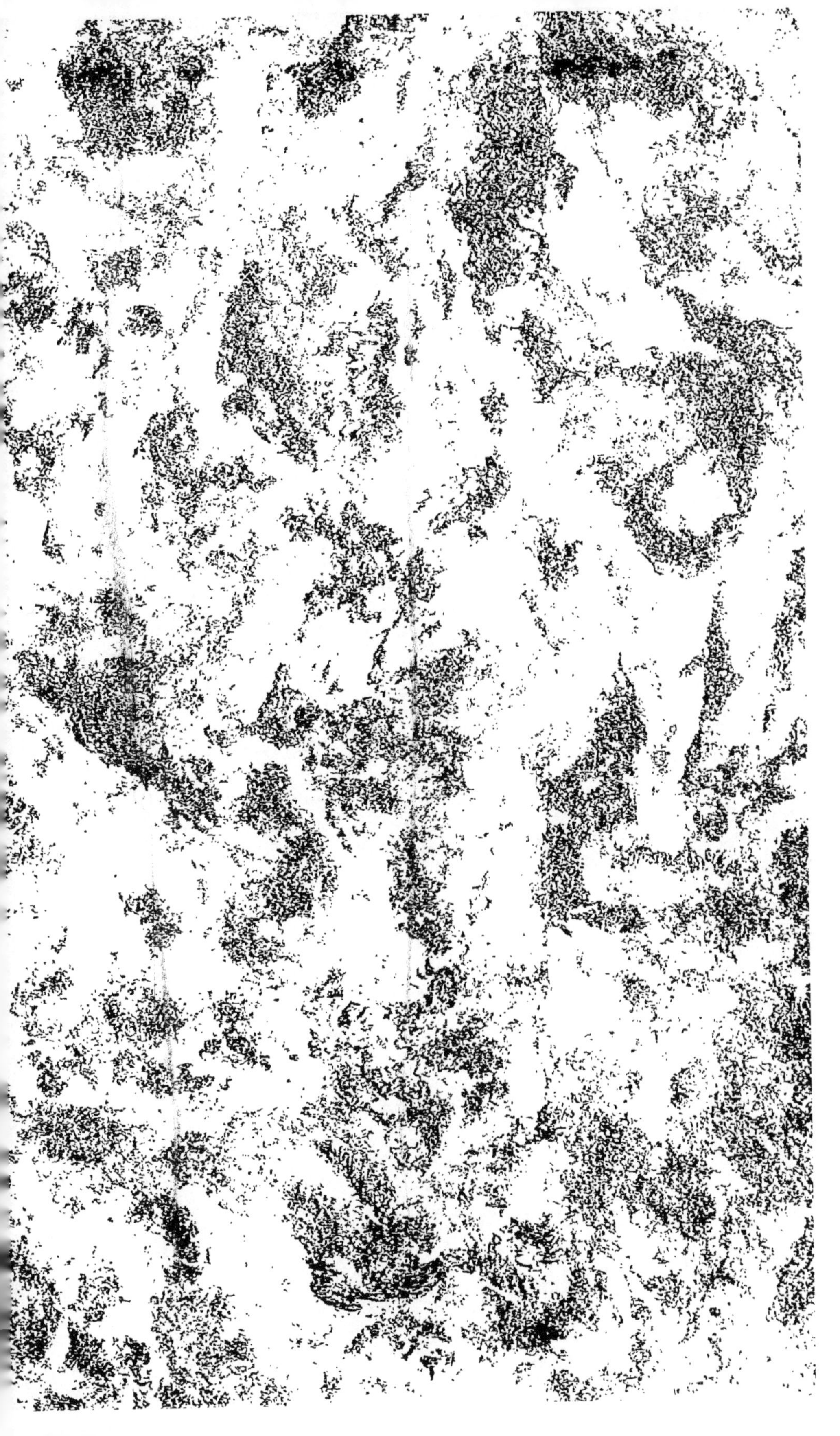

BIBLIOTHEQUE NATIONALE DE FRANCE

www.ingramcontent.com/pod-product-compliance
Ingram Content Group UK Ltd.
Pitfield, Milton Keynes, MK11 3LW, UK
UKHW020424200726
13857UKWH00002B/275